SERVIÇO NACIONAL DE INFORMAÇÕES E APARELHOS DO ESTADO POLICIAL

Editora Appris Ltda.
1.ª Edição - Copyright© 2024 do autor
Direitos de Edição Reservados à Editora Appris Ltda.

Nenhuma parte desta obra poderá ser utilizada indevidamente, sem estar de acordo com a Lei nº 9.610/98. Se incorreções forem encontradas, serão de exclusiva responsabilidade de seus organizadores. Foi realizado o Depósito Legal na Fundação Biblioteca Nacional, de acordo com as Leis nᵒˢ 10.994, de 14/12/2004, e 12.192, de 14/01/2010.

Catalogação na Fonte
Elaborado por: Dayanne Leal Souza
Bibliotecária CRB 9/2162

C331s 2024	Carvalho, Aloysio Castelo de
	    Serviço Nacional de Informações e Aparelhos do Estado Policial / Aloysio Castelo de Carvalho. – 1. ed. – Curitiba: Appris, 2024.
	    134 p. ; 23 cm. – (Coleção Ciências Sociais).
	
	    Inclui referências.
	    ISBN 978-65-250-7049-0
	
	    1. Serviço Nacional de Informações. 2. Inteligência. 3. Regime militar. I. Carvalho, Aloysio Castelo de. II. Título. III. Série.
	
	                                                                       CDD – 321.9

Livro de acordo com a normalização técnica da ABNT

Appris editora

Editora e Livraria Appris Ltda.
Av. Manoel Ribas, 2265 – Mercês
Curitiba/PR – CEP: 80810-002
Tel. (41) 3156 - 4731
www.editoraappris.com.br

Printed in Brazil
Impresso no Brasil

Aloysio Castelo de Carvalho

SERVIÇO NACIONAL DE INFORMAÇÕES
E APARELHOS DO ESTADO POLICIAL

Appris
editora

Curitiba, PR
2024

FICHA TÉCNICA

EDITORIAL
Augusto Coelho
Sara C. de Andrade Coelho

COMITÊ EDITORIAL
Ana El Achkar (Universo/RJ)
Andréa Barbosa Gouveia (UFPR)
Antonio Evangelista de Souza Netto (PUC-SP)
Belinda Cunha (UFPB)
Délton Winter de Carvalho (FMP)
Edson da Silva (UFVJM)
Eliete Correia dos Santos (UEPB)
Erineu Foerste (Ufes)
Fabiano Santos (UERJ-IESP)
Francinete Fernandes de Sousa (UEPB)
Francisco Carlos Duarte (PUCPR)
Francisco de Assis (Fiam-Faam-SP-Brasil)
Gláucia Figueiredo (UNIPAMPA/ UDELAR)
Jacques de Lima Ferreira (UNOESC)
Jean Carlos Gonçalves (UFPR)
José Wálter Nunes (UnB)
Junia de Vilhena (PUC-RIO)

Lucas Mesquita (UNILA)
Márcia Gonçalves (Unitau)
Maria Aparecida Barbosa (USP)
Maria Margarida de Andrade (Umack)
Marilda A. Behrens (PUCPR)
Marília Andrade Torales Campos (UFPR)
Marli Caetano
Patrícia L. Torres (PUCPR)
Paula Costa Mosca Macedo (UNIFESP)
Ramon Blanco (UNILA)
Roberta Ecleide Kelly (NEPE)
Roque Ismael da Costa Güllich (UFFS)
Sergio Gomes (UFRJ)
Tiago Gagliano Pinto Alberto (PUCPR)
Toni Reis (UP)
Valdomiro de Oliveira (UFPR)

SUPERVISORA EDITORIAL
Renata C. Lopes

PRODUÇÃO EDITORIAL
Bruna Holmen

REVISÃO
Camila Dias Manoel

DIAGRAMAÇÃO
Amélia Lopes

CAPA
Kananda Ferreira

REVISÃO DE PROVA
Daniela Nazario

COMITÊ CIENTÍFICO DA COLEÇÃO CIÊNCIAS SOCIAIS

DIREÇÃO CIENTÍFICA
Fabiano Santos (UERJ-IESP)

CONSULTORES
Alícia Ferreira Gonçalves (UFPB)
Artur Perrusi (UFPB)
Carlos Xavier de Azevedo Netto (UFPB)
Charles Pessanha (UFRJ)
Flávio Munhoz Sofiati (UFG)
Elisandro Pires Frigo (UFPR-Palotina)
Gabriel Augusto Miranda Setti (UnB)
Helcimara de Souza Telles (UFMG)
Iraneide Soares da Silva (UFC-UFPI)
João Feres Junior (Uerj)

Jordão Horta Nunes (UFG)
José Henrique Artigas de Godoy (UFPB)
Josilene Pinheiro Mariz (UFCG)
Leticia Andrade (UEMS)
Luiz Gonzaga Teixeira (USP)
Marcelo Almeida Peloggio (UFC)
Maurício Novaes Souza (IF Sudeste-MG)
Michelle Sato Frigo (UFPR-Palotina)
Revalino Freitas (UFG)
Simone Wolff (UEL)

Para Julia,

que luta como uma menina.

PREFÁCIO

O golpe militar desferido em março e abril de 1964 impactou, imediata e drasticamente, as relações entre forças armadas e sociedade no país, impondo radicais reconfigurações do sistema estatal até então vigente. Fixou o poder executivo como eixo da dinâmica política, colocando a reboque os poderes executivo e judiciário. Desmontou a estrutura partidária em vigor e a recriou à luz dos seus interesses e objetivos. Subordinou os governos estaduais e municipais ao poder central, mormente, no caso daqueles últimos, nas cidades mais importantes. Interveio na ordem sindical, desmantelando-a e drenando seu prestígio e influência. Promoveu decidida repressão aos opositores em todo o território nacional. Calou os protestos dos meios de comunicação e informação. No âmbito da corporação militar, estabeleceu-se a preeminência da força terrestre face à Marinha e à Aeronáutica. Como resultado, a sociedade perdeu seus meios de controle do Estado. Passou-se à ordem autoritária.

Claro está que tudo isso não aconteceu de uma só vez, como uma passagem do dia para a noite. No conjunto das forças que foram se impondo como dominantes, ocorriam não só dúvidas sobre os melhores caminhos a seguir, havia também disputas em torno da própria liderança do processo, não só entre civis, mas também, e principalmente, entre militares, embora entre eles vigorasse o consenso a favor do golpe, sendo expurgadas as facções contrárias. Foi somente no dia nove de abril de 1964 que a nova ordem proclamou as bases da nova era com a edição do Ato Institucional. Este foi divulgado sem número, dando a entender que as medidas de exceção tomadas já eram suficientes. Apenas no dia 15 de abril de 1964 foi eleito pelo Congresso Nacional o Marechal Humberto de Alencar Castello Branco como o 26º Presidente da República. Os paradoxos eram evidentes, por um lado, vaga a presidência da República com a deposição de João Goulart, em dois de abril, e não tendo ele Vice-Presidente, assumiu, interinamente, o cargo de primeiro mandatário o Presidente da Câmara Federal, o deputado Federal Ranieri Mazzilli, nos termos da Constituição vigente. Por outro, o referido Ato Institucional foi outorgado pela Junta Militar que se autodenominou Comando Supremo da Revolução, assinando-o os três ministros das forças armadas. Passaram a coexistir, assim, duas instâncias de poder, a constitucional, de direito, e a institucional, com preponderância, ao longo dos desdobramentos do processo político, da segunda.

Na realidade, o novo regime só explicitaria sua índole autoritária com a edição da Lei da Segurança Nacional, em três de março de 1967, com o Ato Institucional número cinco, em 13 de dezembro de 1968, e com a Emenda Constitucional n.º 1, em 17 de outubro de 1969. Este último instrumento, a rigor, representou uma nova constituição, tal a sua abrangência e alcance, reafirmando a hipertrofia política do Poder Executivo.

No emaranhado dessas situações — tantas vezes contraditórias e antinômicas — um ator decisivo foi se impondo, a chamada comunidade de informações, que teve no Serviço Nacional de Informações (SNI) o seu aparato central. É este o objeto deste livro do professor Aloysio Castelo de Carvalho da Universidade Federal Fluminense, mas não o único. Seu trabalho examina a questão dos serviços de inteligência e suas conexões com a Lei de Segurança Nacional; esquadrinha as particularidades da inteligência militar; analisa o modo de governar assentado na inteligência castrense; examina a penetração dos serviços de informação nas Forças Armadas; expõe o tenso convívio entre a comunidade de inteligência e a Justiça Militar. No âmbito da sociedade, põe à nu o amordaçamento que os órgãos de inteligência impuseram aos seus opositores através da censura. Em suma, nas palavras contundentes do próprio autor, "os aparelhos estabeleceram uma relação de subordinação com a inteligência militar que desempenhava o papel de polícia política e ponta de lança do Estado terrorista instaurado pelos dirigentes".

Este livro forma uma trilogia sobre a temática dos serviços de informação no Brasil. Em 2021, o autor trouxe a lume *Inteligência e Segurança Nacional no Brasil Pós-1964: a Comunidade de Informações* e, em 2023, *Serviço Nacional de Informações: uma abordagem histórica*. Esta sua nova publicação, *Serviço Nacional de Informações e Aparelhos do Estado Policial*, complementa seus trabalhos anteriores. Com este seu livro, o professor Aloysio Castelo de Carvalho passa a figurar como o maior especialista brasileiro sobre a comunidade de informações que teve papel central na constituição do sistema estatal durante o regime de 1964. São livros de referência obrigatória sobre a temática. No exercício de suas atividades como pesquisador, ele fundamenta suas hipóteses no garimpo percuciente das fontes primárias, no exame crítico da literatura pertinente, na argumentação atenta ao contraditório. Sua formação acadêmica tem como lastro a História e a Ciência Política. É bacharel em História pela PUC-RJ, mestre pelo Instituto Universitário de Pesquisas do Rio de Janeiro (hoje Instituto de Estudos Sociais e Políticos da Universidade do Estado do Rio de Janeiro, IESP/UERJ), doutor e pós-doutor em História Social na Universidade de São Paulo.

Em 1985, ocorreu o colapso do sistema autoritário, consequência da corrosão política que já vinha de algum tempo. Três anos depois da queda do regime, foi proclamada a Constituição de 1988, estabelecendo o Estado democrático de direito no país. A jovem democracia brasileira, de lá para cá, tem experimentado severas turbulências. Dois presidentes da República foram apeados do poder, um sendo forçado à renúncia e outro sofrendo processo de impedimento. Em oito de janeiro de 2022, uma turbamulta invadiu a praça dos três poderes em Brasília, clamando pela intervenção militar. Usando perversamente as redes sociais, inimigos íntimos da democracia pregam o descrédito das instituições e a descrença nas eleições, atacando a imprensa, a academia e o mundo político, de maneira indiscriminada. Certo, há muito o que se criticar e a se aperfeiçoar no sistema democrático brasileiro, mas na política como na vida, há de dar oportunidade ao aprendizado com os erros, à retificação dos equívocos, à experiência acumulada. A democracia coloca problemas que só mais democracia é capaz de resolver em processo contínuo de aquisição de autoconhecimento político.

Serviço Nacional de Informações e Aparelhos do Estado Policial revisita obscuros e penosos tempos passados. Liga um cintilante sinal de alerta para todos os que, tantas vezes sem ciência de causa, supõem que exista um mundo idílico onde possa imperar a pureza política e nela não haja corrupção, desmandos e falcatruas. Por outro lado, reforça as convicções daqueles que sabem que à democracia, com todas as suas imperfeições, só se contrapõe uma alternativa. A ditadura.

Rio de Janeiro, agosto de 2024.

Eurico de Lima Figueiredo

Professor Emérito

Universidade Federal Fluminense

SUMÁRIO

INTRODUÇÃO
INTELIGÊNCIA E REGIME..13

CAPÍTULO I
INTELIGÊNCIA E LEI DE SEGURANÇA NACIONAL......................... 29

CAPÍTULO II
INTELIGÊNCIA MILITAR 41

CAPÍTULO III
GOVERNO DA INTELIGÊNCIA MILITAR.................................... 55

CAPÍTULO IV
INTELIGÊNCIA E FORÇAS ARMADAS......................................71

CAPÍTULO V
INTELIGÊNCIA E JUSTIÇA MILITAR 91

CAPÍTULO VI
INTELIGÊNCIA E CENSURA 105

CONSIDERAÇÕES FINAIS.. 123

REFERÊNCIAS 129

Introdução[1]

INTELIGÊNCIA E REGIME

A atuação do Serviço Nacional de Informações (SNI) é ainda hoje uma questão sensível que provoca controvérsias no meio militar, conforme demonstra a coletânea de 15 volumes intitulada *História oral do Exército: 31 de março de 1964*[2]. Ela nos apresenta um conjunto de entrevistas que foram concedidas por coronéis e generais participantes dos governos militares. Neste trabalho de recuperação da memória do regime, os dirigentes militares abordam diversos temas, entre eles o dos serviços de inteligência. Os oficiais fazem um amplo balanço das ações e das estruturas dos órgãos de informações e revelam o que proporcionaram de positivo e quais foram suas falhas. Os livros, portanto, nos oferecem uma enorme variedade de informações da perspectiva de quem esteve próximo dos acontecimentos e comprometido diretamente com o poder de Estado. Algumas entrevistas sugerem que os serviços de inteligência adquiriram expressiva relevância e chegaram a ocupar um lugar central no sistema político e nas decisões tomadas por dirigentes ao longo dos 21 anos de domínio das Forças Armadas. É o caso do relato do general Octávio Pereira Costa, para quem o "país foi ocupado pelo Exército [...] depois pelo SNI, tudo era SNI" e "Isso é muito mais do que um regime militar", comenta o ex-chefe da Assessoria Especial de Relações Públicas da Presidência da República (Aerp) no governo Médici e ex-integrante do gabinete do ministro Sylvio Frota, em 1974. O oficial militar utiliza a expressão "criptogoverno" para definir o tipo de "governo invisível, governo da informação, governo no qual ninguém fazia nada sem o aval do órgão de informação". O conceito de

---

[1] Agradeço a Carla Peixoto pela leitura e revisão dos textos originais.

[2] COSTA, Octávio Pereira da. *In*: MOTTA, Aricildes de Moraes (coord. geral). *1964 – 31 de março*: o movimento revolucionário e a sua história. Rio de Janeiro: Biblioteca do Exército Editora, 2003. t. 2. p. 86.

criptogoverno cunhado pelo general se aplicaria inicialmente ao governo Médici, com o general Fontoura na chefia do SNI. Teria ganhado expressão com o general Figueiredo, homem de confiança do presidente Geisel, e chegado ao paroxismo no próprio governo Figueiredo, quando o general Medeiros assumiu a chefia do SNI. Ambos os oficiais eram egressos da Comunidade de Informações[3].

Desde já nos perguntamos se a percepção do general encontra correspondência na ampla diversidade das pesquisas que têm sido desenvolvidas na área acadêmica e proporcionado importantes contribuições sobre o papel desempenhado pela inteligência no regime militar[4]. Acredito que grande parte das limitações para compreender os órgãos de informações comandados pelos militares deve-se ao fato de serem interpretados como meros colaboradores dos núcleos de poder e não como protagonistas centrais, atores com interesses e concepções políticas próprias. O lugar de coadjuvantes atribuído a essas forças dirigentes acaba encobrindo os verdadeiros motivos e as reais condições de que dispunham para exercer influência nas esferas decisórias. Entretanto, os posicionamentos estratégicos adotados pelos serviços de inteligência não podem ser dissociados do universo de valores e projetos que mobilizaram as Forças Armadas para

---

[3] *Ibidem*, p. 86.

[4] Diversos trabalhos investigam o sistema de inteligência, entre eles: LAGOA, Ana. *SNI. Como nasceu, como funciona*. São Paulo: Brasiliense, 1983; ANTUNES, Priscila Carlos Brandão. *SNI & ABIN: uma leitura dos serviços secretos brasileiros ao longo do século XX*. São Paulo: FGV, 2001; AQUINO, Maria Aparecida de; MATTOS, Marco Aurélio Vannucchi Leme de; SWENSSON JR, Walter Cruz (organizadores). ARAÚJO, Lucimar Almeida de; KLAUTAU NETO, Orion Barreto da Rocha (coorganizadores). *No coração das trevas. O DEOPS/SP visto por dentro*. São Paulo: Arquivo do Estado, Imprensa Oficial, 2001. FICO, Carlos. Espionagem, polícia política, censura e propaganda. *In*: FERREIRA, Jorge; DELGADO, Lucília de Almeida Neves (org.). *O tempo da ditadura*: regime militar e movimentos sociais em fins do século XX. Rio de Janeiro: Civilização Brasileira, 2003, p.167-206. *O Tempo da Ditadura: Regime Militar e Movimentos Sociais em Fins do Século XX – O Brasil Republicano*. Rio de Janeiro: Civilização Brasileira, 2003. FIGUEIREDO, Lucas. *Ministério do Silêncio. A história do serviço secreto brasileiro de Washington Luís a Lula (1927-2005)*. São Paulo: Record, 2005; JOFFILY, Mariana. *No centro da engrenagem. Os interrogatórios na Operação Bandeirantes e no DOI de São Paulo (1969-1975)*. Tese (Doutorado em História) – Programa de Pós-Graduação em História Social do Departamento de História da Faculdade de Filosofia, Letras e Ciências Humanas da Universidade de São Paulo. São Paulo, 2008; QUADRAT, Samantha Viz. *A preparação dos agentes de informação e a ditadura civil-militar no Brasil (1964-1985)*. Varia História, Belo Horizonte, v. 28, n. 47, jan./jun. 2012; ANDRADE, Fabiana de Oliveira. A *Escola Nacional de Informações: a formação dos agentes para a inteligência brasileira durante o regime militar*. Dissertação (Mestrado em História) – Programa de Pós-Graduação em História da Universidade Estadual Paulista. Franca, 2014; CARVALHO, Aloysio Castelo de. *Serviço Nacional de Informações: uma abordagem histórica*. Curitiba: Appris, 2023.

a tomada do poder em 1964[5]. Como um desdobramento das estruturas militares, com funções específicas para executar no campo das operações de informações, a inteligência tomou para si a missão de garantir a institucionalização do intervencionismo castrense cultivado ao longo da República. Levou ao extremo a proposição de que a ordem social capitalista brasileira só poderia ser assegurada mediante a existência de um permanente Estado policial e sob o pleno domínio das Forças Armadas.

Essas considerações iluminam a trajetória do Serviço Nacional de Informações, o principal órgão de polícia política do regime militar. O SNI possuía uma particularidade marcante desde a sua institucionalização em 1964 e cujas raízes devem ser buscadas no projeto de sua criação, elaborado pelos dirigentes da Escola Superior de Guerra (ESG) durante o ano de 1953. Como órgão central do sistema de inteligência, ele foi criado para exercer o comando político dos aparelhos do Estado que funcionavam sob a primazia do critério ideológico, aquele de fundo essencialmente militar e representado pelo conceito de inimigo interno, conforme formulado pela Doutrina de Segurança Nacional (DSN). Concebido para executar operações de vigilância sobre a sociedade, o SNI também monitorou a atuação dos aparelhos do Estado de onde se extrairiam as informações necessárias para produzir conhecimento estratégico relacionado aos temas de segurança e desenvolvimento do país, conforme os termos empregados na época. As palavras do general Ivan de Souza Mendes corroboram a proposição. Em palestra na ESG, em junho de 1986, o chefe do SNI no governo Sarney explicitou que cabia ao órgão não só identificar os antagonismos surgidos no jogo político normal da democracia, então em andamento de acordo com o projeto da transição conservadora. O oficial militar de inteligência também atribuiu ao SNI a responsabilidade de acompanhar os assuntos administrativos. Cabia ao SNI agir com precisão na detenção dos óbices que se antepunham à atuação do governo, de acordo com a necessidade

---

[5] As ideologias intervencionistas e o papel das Forças Armadas na política, ao longo da República, são objeto de análise de diversos autores, entre eles: CARVALHO, José Murilo de. *Forças Armadas e política no Brasil*. Rio de Janeiro: Zahar, 2005; COELHO, Edmundo Campos. *Em busca de identidade*: o Exército e a política na sociedade brasileira. Rio de Janeiro: Forense Universitária, 1976; STEPAN, Alfred. *Brasil*: los militares y la política. Buenos Aires: Amorrortu, 1974; OLIVEIRA, Eliézer Rizzo de. *As Forças Armadas*: política e ideologia no Brasil (1964-1969). Rio e de Janeiro: Paz e Terra, 1982; ROUQUIÉ, Alain. *Estado militar na América Latina*. São Paulo: Alfa Omega, 1984; BORGES, Nilson de. A doutrina de Segurança Nacional e os governos militares. *In*: FERREIRA, J.; DELGADO, L. A. N. (org.). *O tempo da ditadura*: regime militar e movimentos sociais em fins do século XX. Rio de Janeiro: Civilização Brasileira, 2003. v. 4.

de levantar as deficiências que impediam o pleno rendimento da máquina administrativa. O general Ivan de Souza Mendes citou a existência da Divisão de Segurança em Informações (DSI), considerada por ele mesmo um órgão de informações presente em cada ministério civil. Regularizadas por Médici em 1970, as DSIs se destinavam, segundo o oficial-general, a assessorar o ministro de Estado e estabelecer uma interface com o Serviço Nacional de Informações. Ainda segundo o oficial de inteligência, o SNI era constituído pela Agência Central, sediada em Brasília, e contava com 12 Agências Regionais, que recolhiam por todo o território nacional informações do interesse do presidente da República. A Agência Central exercia a coordenação das atividades de informações e era responsável pela produção de conhecimentos de interesse do presidente da República e da Secretaria-Geral do Conselho de Segurança Nacional (SG/CSN)[6].

A fala do general Ivan de Souza pode ser considerada a síntese da atuação do SNI, órgão que proporcionou a unidade estratégica para que as políticas governamentais fossem alcançadas. Durante os 21 anos de regime militar, o SNI exerceu a coordenação do sistema nacional de informações, cuja existência era uma exigência formulada pela Doutrina de Segurança Nacional. Expressão mais acabada do projeto de dominação adotado pelos dirigentes militares, o SNI foi o desdobramento das concepções gestadas no âmbito da ESG, no início dos anos 1950, que demandavam a organização de um novo serviço de inteligência no Brasil mais de acordo com as circunstâncias da Guerra Fria e das necessidades de conhecimento sobre o inimigo interno. Inserido no contexto do programa de modernização das estruturas do Estado brasileiro, o Serviço Nacional de Informações idealizado na ESG era considerado a peça-chave para o trabalho do Conselho de Segurança Nacional e a elaboração das diretrizes governamentais. Ocupou um lugar privilegiado na estrutura estatal como integrante do CSN e órgão centralizador da estrutura de informações. Órgão da cúpula do Estado e da comunidade de informações, o SNI atuava articulado com órgãos civis e militares, sobretudo com os serviços de inteligência das Forças Armadas, que forneciam informações aos seus respectivos ministérios.

---

[6] Conjunto de documentos sem classificação de sigilo. Conferências realizadas na ESG e na ESNI, 10 jun. 1986. Íntegra da palestra do Exmo. Sr. Min. Ivan (86). O Serviço Nacional de Informações. Ministério da Justiça. Arquivo Nacional. Memórias Reveladas. Disponível em: http://imagem.sian.an.gov.br/acervo/derivadas/br_dfanbsb_v8/txt/agr/nre/0084/br_dfanbsb_v8_txt_agr_nre_0084_d0001de0001.pdf.

Argumentamos em pesquisa anterior[7] que os órgãos de informações representados pelo SNI e serviços de inteligência das Forças Armadas integraram o núcleo dirigente do regime. Eles ocuparam um lugar de predominância em função do conhecimento produzido com as atividades de inteligência que definia a agenda para as decisões sobre segurança interna. A reorganização do aparelho repressivo com a decretação do Ato Institucional n.º 5 (AI-5) e a maior intervenção das Forças Armadas no processo político resultaram de uma decisão tomada pelo Conselho de Segurança Nacional com base na estimativa formulada pelo Serviço Nacional de Informações de que a contrarrevolução estava nas ruas. Com a colaboração dos órgãos de informações das Forças Armadas, a estimativa nacional produzida pelo SNI projetou um cenário de conflagração social e persuadiu os integrantes da cúpula do regime a consentir na decisão de recrudescer o autoritarismo militar. Exercendo o controle da produção das informações sobre os acontecimentos políticos, o SNI foi responsável por prover os dirigentes com avaliações que enfatizaram a expansão da guerra revolucionária e conspirações para a tomada do poder. A estimativa do SNI acionou os mecanismos de autodefesa e pavimentou o caminho para o AI-5, uma medida repressiva generalizada que alcançou uma ampla gama de setores da sociedade e do próprio aparelho do Estado, neutralizou as diversas formas de contestação das oposições e possibilitou a consolidação da inteligência militar como o núcleo de poder com maior autoridade para definir as estratégias de segurança interna e a direção política do regime[8].

O efeito mais visível do recrudescimento ideológico e militarização do Estado após 1968 foi a ampliação das estruturas e das ações dos serviços de inteligência, responsáveis pela definição dos alvos oposicionistas a serem neutralizados. Conforme essa linha interpretativa é que devemos compreender a criação da Operação Bandeirantes (Oban) no ano de 1969, no governo Costa e Silva, e em seguida a organização no governo Médici, no ano de 1970, do Sistema Nacional de Informações (Sisni), centralizado

---

[7] CARVALHO, 2023.

[8] Esse é o documento original do SNI que foi reelaborado e apresentado pelo general Médici na reunião do CSN em julho de 1968 e que deu base para a proposta do AI-5. Em comparação com o original, houve uma mudança substancial no item "Conclusão do texto", que foi lido pelo chefe do SNI e registrado em ata: Presidência da República. Serviço Nacional de Informações. SNI/ARJ/SC-3. Informe n.º 0142/SC-3. SS 32/0109/27, jan. 1968. Arquivo Nacional. Memórias Reveladas. Disponível em: http://imagem.sian.an.gov.br/acervo/derivadas/br_dfanbsb_v8/mic/gnc/aaa/73075117/br_dfanbsb_v8_mic_gnc_aaa_73075117_d0001de0002.pdf.

pelo SNI, e do Sistema de Segurança Interna (Sissegin), representado pelo Destacamento de Operações de Informações – Centro de Operações de Defesa Interna (DOI-Codi). Precedida pela Emenda de Outubro de 1969, que estendeu a noção de segurança nacional, a nova estrutura de informações comandada pelos militares ganhou maior organicidade e centralidade e foi justificada pela finalidade de combater de forma mais eficiente os atos de subversão interna, sobretudo os da esquerda armada. Valiosas informações secretas foram obtidas por esses dois grandes sistemas de vigilância e serviam tanto para combater a contestação política como manipular as disputas internas. Portanto, o Sisni e os DOI-Codi representaram os dois pilares do complexo organizatório comandados pelos militares e presentes nos diversos estados do país. As ações integradas marcaram a trajetória dos diversos órgãos de informações que denomino de polícia política. Esse conceito engloba o conjunto dos serviços de inteligência que realizaram de forma articulada as operações de informações com o objetivo político-ideológico de eliminar as ameaças internas e garantir a reprodução do regime militar segundo a agenda formulada para a segurança nacional.

No momento de criação do Sisni e do Sistema DOI-Codi, em meados do ano de 1970, os órgãos de informações produziram estimativas dando conta de que as organizações revolucionárias entravam em trajetória de declínio quanto à capacidade político-militar de realizar ações armadas. O terror de Estado no Brasil alcançou o auge justamente quando as organizações revolucionárias e partidos comunistas adeptos da luta armada não representavam mais nenhum tipo de ameaça significativa ao regime, restando apenas focos dispersos de confrontos militarizados. Os grupos da esquerda armada estavam na iminência de serem exterminados e não existia de fato uma oposição legal institucional, que foi dizimada com cassações e perdas de direitos. Nesse contexto de neutralização dos efeitos mais nocivos da luta armada sobre o regime e total contenção das manifestações oposicionistas da sociedade, cabe perguntar como agiram os serviços de inteligência. Qual foi a estratégia empregada durante o governo Médici? Havia um projeto de poder defendido pelo próprio SNI e o sistema de inteligência? A resposta encontra-se na determinação dessa força dirigente de continuar a expandir o seu poder e perpetuar a posição hegemônica na definição da agenda de segurança interna. O maior desafio para a inteligência militar foi exercer o controle sobre o próprio aparelho repressivo, o "núcleo central do sistema estatal e do poder do Estado"[9]. Foi preciso demonstrar a necessidade de sua preservação e construir narrativas de que as ameaças perduravam, mesmo com evidências de que a guerra revolucionária perdia ímpeto e caminhava para a fase terminal. Dessa forma, devemos compreender as ações dos serviços de inteligência, comprometidos com a continuidade das regras instituídas após o decreto do AI-5.

Com efeito, o recrudescimento ideológico após 1968 correspondeu à maior ênfase na noção de segurança interna, uma área sob a responsabilidade da inteligência militar que definia os inimigos do regime. Na posição central que ocupavam como força dirigente, coube ao SNI e aos órgãos de inteligência militares expandir as operações internas e produzir informações para atestar a verdade do seu projeto. Ao mesmo tempo, assumiram a incumbência de reforçar o monitoramento do conjunto dos aparelhos do Estado e avaliar se atuavam para garantir a continuidade da ordem político-institucional. Exerceram vigilância para verificar se agiam em conformidade com as decisões tomadas pelo regime. Os serviços de inteligência realizaram intervenções no domínio do outro e criaram um ambiente de pressão ideológica a fim de assegurar lealdades[10] e institucionalizar o modelo político baseado no AI-5, consolidado com a Emenda de Outubro de 1969, quando o conceito de segurança nacional foi ampliado no texto constitucional. Como uma máquina de guerra, o conjunto dos aparelhos agiu sob o comando do sistema de inteligência militar, do qual faziam parte o SNI e os órgãos de informações das Forças

---

[9] POULANTZAS, Nicos. *Fascismo e ditadura*. São Paulo: Martins Fontes, 1978. p. 326.

[10] Devemos observar a conotação que o termo *lealdade* ganhou naquele contexto. Considerado um dos mais importantes valores que historicamente mobilizaram as consciências militares, o dever de lealdade foi evocado pela inteligência com o propósito de fortalecer os laços entre os chefes e subordinados quanto aos compromissos assumidos em 1964 para garantir a segurança da nação. A deterioração da coesão e lealdade das Forças Armadas era, no diagnóstico do Cisa, o objetivo principal das campanhas comunistas para subverter o sistema político e revolucionar o modo de vida ocidental. Ministério da Aeronáutica. Cisa. Relatório Mensal de Informações n.º 10, 31 out. 1978. Arquivo Nacional. Memórias Reveladas. Disponível em: http://imagem.sian.an.gov.br/acervo/derivadas/br_dfanbsb_v8/mic/gnc/aaa/80008921/br_dfanbsb_v8_mic_gnc_aaa_80008921_d0001de0002.pdf.

Armadas. Documentos oficiais revelam a onipresença da inteligência com o propósito de exercer o controle sobre o aparelho repressivo.

A investigação requer o reconhecimento de que a Oban e os DOI-Codi representaram as peças centrais da reformulação da estrutura repressiva para conter a guerra revolucionária. Enquanto a Oban foi projetada para atuar em nível regional, em São Paulo, os DOI-Codi se enraizaram nas principais capitais do país e se constituíram em um sistema nacional. Segundo Ustra, os DOI-Codi adotaram "uma linha de ação genuinamente brasileira, que serviu de ensinamento para vários outros países"[11]. Ampla estrutura centralizadora de informações, os DOI-Codi consolidaram o processo de institucionalização do comando do Exército na organização e execução da repressão política no país. A corporação, relata Ustra,

> [...] através dos Generais-de-Exército, Comandantes Militares de Área, centralizou, ordenou, comandou e se tornou responsável pela condução da Contra-subversão no país. Os DOI eram a força pronta para o combate, diretamente a eles subordinados.[12]

Projeto elaborado pela Secretaria-Geral do Conselho de Segurança Nacional e encaminhado ao presidente da República, os DOI-Codi ocuparam o primeiro plano na repressão política direta. Atuando por meio dos DOI na execução das operações de informações, o Codi comandava em cada jurisdição territorial todos os "organismos de segurança na área, fossem das Forças Armadas, fossem das polícias estaduais ou da Polícia Federal". Além disso, os DOI-Codi agiam articulados com os organismos responsáveis (Dops e DPF) pela tramitação e formação dos inquéritos dos presos por subversão comunista que eram enviados para a esfera judicial[13]. Neste ponto, é importante assinalar que a Oban e os DOI-Codi foram criados na esteira das mudanças na legislação de Segurança Nacional. O Decreto-Lei 510, de 20 de março de 1969, estabeleceu (Art. 47) que, na fase das investigações policiais, o indiciado poderia ser preso pelo Encar-

---

[11] USTRA, Carlos Alberto Brilhante. *Rompendo o silêncio*. Brasília: Editerra, 1987. p. 127.

[12] *Ibidem*, p. 127.

[13] Comissão Nacional da Verdade. Relatório, v. 1, dez. 2014, p. 125. Disponível em: http://cnv.memoriasreveladas.gov.br/images/documentos/Capitulo4/Capitulo%204.pdf.
ARQUIDIOCESE DE SÃO PAULO. *Projeto Brasil: Nunca Mais*, t. 1, 1985, p. 74. Disponível em: http://www.dhnet.org.br/w3/bnm/tomo_iv_as_leis_repressivas.pdf.

regado do Inquérito por até 30 dias, prazo que poderia ser prorrogado. Determinou ainda que o indiciado poderia ser mantido em estado de incomunicabilidade por um prazo de até dez dias[14].

Amparados pelo poder adquirido como órgão de polícia política, comandados pelo Exército, a Oban e os DOI-Codi ganharam ascendência e conduziram ações de interferência direta nas forças policiais de segurança pública. Para efeito de esclarecimento da proposição, tomemos como parâmetro o DOI-Codi do II Exército, em São Paulo. Após a criação do DOI-Codi do II Exército, observa Mariana Joffily, o Dops passou a cumprir um procedimento burocrático. O DOI-Codi impôs uma divisão de tarefas entre os dois órgãos que levou ao esvaziamento do Dops, embora este tenha oferecido resistência à perda das atribuições. Dessa forma, estabeleceu-se uma parceria assimétrica entre o DOI-Codi e o Dops, cuja função passou a se restringir à formalização dos inquéritos nos casos de presos suspeitos de crimes políticos. Instrumento central dos procedimentos investigativos que constituíam os inquéritos, os interrogatórios eram de fato colhidos no DOI. No Dops, fazia-se novo interrogatório oficial com base nas informações extraídas pelo DOI. O depoimento do acusado era incorporado ao inquérito oficial formalizado pelo Dops e encaminhado ao Ministério Público Militar[15]. Um ex-chefe do Codi do Rio de Janeiro esclarece o lugar hegemônico ocupado pelo DOI nas tarefas relacionadas à segurança interna: "É o braço secular. É o que pega, guarda e interroga"[16]. Como unidade operacional, o DOI, assinala Mariana Joffily, representava "o primeiro elo de uma cadeia repressiva que se iniciava no momento da detenção e terminava na cela de um presídio -a menos que fosse encurtada pela absolvição ou, pelo contrário, pelo assassinato sem julgamento"[17].

O predomínio do DOI sobre o Dops e o efetivo controle das atividades policiais de combate às guerras de subversão tiveram um claro desdobramento. Um grande volume de informações vitais, inseridas nos inquéritos oficiais dos acusados de crimes contra a segurança nacional,

---

[14] Câmara dos Deputados. Decreto-Lei n.º 510, 20 mar. 1969.

[15] JOFFILY, 2008, p. 93.

[16] Depoimento do general Adyr Fiúza de Castro, publicado em: D'ARAUJO, Maria Celina; SOARES, Gláucio, Ary Dillon; CASTRO Celso. *Os anos de chumbo*. Extraído de: JOFFILY, 2008, p. 93. Disponível em: https://www.teses.usp.br/teses/disponiveis/8/8138/tde-03062008-152541/publico/TESE_MARIANA_JOFFILY.pdf.

[17] *Ibidem*, p. 93.

foram obtidas por meio de interrogatórios realizados sob condições de tortura e se tornaram elementos de valor fundamental em processos políticos, dando base para condenações nas instâncias judiciárias. Mariana Joffily defende que houve uma aliança entre o porão e a Justiça Militar. Ao descrever os procedimentos adotados nos julgamentos dos réus pelo Conselho Permanente de Justiça (CPJ), a autora sustenta que o tribunal não apenas consentiu com os métodos violentos para obter confissões, como creditou ao sofrimento físico e psíquico a capacidade de produzir respostas verdadeiras, consoantes às tradições inquisitoriais da cultura penal brasileira[18]. Aqui, todavia, convém expor as reflexões de Maria Aparecida de Aquino sobre as contradições do aparelho repressivo. No trabalho intitulado Brasil: *Golpe de Estado de 1964: que Estado, país, sociedade são esses?*, a historiadora sustenta que o regime militar reproduziu as ambiguidades da formação social brasileira. Embora o texto da legislação de Segurança Nacional (Decretos-Lei 314/1967, 510/1969, 898/1969) em momento algum tenha incluído o uso da tortura para extração de informações, a tortura converteu-se em política de Estado[19].

Com efeito, a disseminação das práticas de violência contra os direitos individuais durante o regime militar contou com a submissão da Justiça Militar, não só porque inúmeros inquéritos que deram origem à formalização dos processos dos presos políticos foram, após a criação dos DOI-Codi, baseados em confissões obtidas por meio de tortura. Mais importante foi o fato de que o Superior Tribunal Militar (STM), como instância máxima da Justiça Militar, mostrou uma permanente inoperância diante da investigação acerca das denúncias de torturas sofridas pelos presos políticos. O tema esteve ausente no plenário do tribunal[20], embora fosse veiculado pela imprensa nacional e internacional, a ponto de o ministro da Justiça Alfredo Buzaid se comprometer a investigar as denúncias de

---

[18] *Ibidem*, p. 95.

[19] AQUINO, Maria Aparecida de. *Brasil*: golpe de Estado de 1964. Que Estado, país, sociedade são esses? *Projeto. História*: Revista do Programa de Estudos Pós-Graduados de História, São Paulo, v. 29, n. 1, t. 1, p. 87-105, dez. 2004. Disponível em: https://revistas.pucsp.br/index.php/revph/article/view/9947.

[20] SILVA, Angela Moreira Domingues da. *Ditadura e Justiça Militar no Brasil*: a atuação do Superior Tribunal Militar (1964-1980). 2011. Tese (Doutorado em História) – CPDOC, Fundação Getulio Vargas, Rio de Janeiro, 2011. p. 13. Disponível em: http://bibliotecadigital.fgv.br/dspace/bitstream/handle/10438/8816/Tese_Angela%20Moreira.pdf?sequence=1&isAllowed=y.

torturas[21], o que jamais ocorreu. O aparato jurídico militar, em especial o STM, se omitiu diante das graves violações dos direitos individuais. As autoridades judiciárias militares não estabeleceram limite algum ao terror descontrolado que a polícia política passou a empregar sob a justificativa de combater a guerra revolucionária. Os órgãos de informações gozavam de autonomia com relação às outras instituições do Estado e inúmeros presos políticos, além de torturados, desapareceram antes mesmo que fosse possível localizá-los nas instalações repressivas. Mero anexo da área de inteligência, a Justiça Militar funcionou como operador de lavagem de crimes políticos, ocupando o lugar do ramo jurídico do aparato repressivo que validava, por meio da Lei de Segurança Nacional (LSN), a política de extermínio do inimigo interno.

Aparato de punição e perseguição aos opositores, o STM era, todavia, reconhecido pelos serviços de inteligência como um órgão que possuía um caráter brando, com uma tendência para absolver mais do que condenar. Documentos oficiais confeccionados durante o governo Médici mostram que o STM, em muitos julgamentos, não reproduziu as penas aplicadas pelos órgãos de primeira instância nos casos de crimes políticos. O STM divergiu de inúmeras decisões tomadas pelas auditorias militares que aplicavam penas severas. Reduziu penas e absolveu militantes oposicionistas acusados de crimes de subversão[22]. Quando isso ocorreu, o STM recebeu pressão ideológica dos órgãos de informações. O SNI divulgou críticas e colocou em questão as decisões tomadas pelos membros da corte. Produziu documentos que eram disseminados por todo o aparato do Estado e exigia julgamentos mais rigorosos de acordo com a Lei de Segurança Nacional. Com o objetivo de constranger o STM, os textos do SNI colocavam em dúvida o comprometimento ideológico do tribunal com o regime, considerando seus integrantes benevolentes, próximos de uma ação contrarrevolucionária[23]. As evidências demonstram que não só o STM era monitorado pelos órgãos de informações. Decisões tomadas

---

[21] BUZAID, Alfredo. *In*: ABREU, Alzira Alves de Abreu *et al.* (coord.). *Dicionário histórico biográfico brasileiro*. Rio de Janeiro: FGV/CPDOC, 2001. p. 888 a 891.

[22] Presidência da República. Serviço Nacional de Informações. Agência do Rio de Janeiro. Informações n.º 62/71/ARJ/SNI, 6 ago. 1971. Arquivo Nacional. Memórias Reveladas. Disponível em: http://imagem.sian.an.gov.br/acervo/derivadas/br_dfanbsb_v8/mic/gnc/aaa/71060850/br_dfanbsb_v8_mic_gnc_aaa_71060850_d0001de0001.pdf.

[23] *Ibidem*.

pelas auditorias militares constavam dos assuntos abordados nos documentos de inteligência.

A institucionalização da censura após o AI-5, sobretudo no governo Médici, impediu que o funcionamento da ampla engrenagem repressiva comandada pela inteligência se tornasse de conhecimento público. Sob a responsabilidade do Departamento da Polícia Federal que integrava o Ministério da Justiça, a censura era reconhecida como instrumento fundamental para privar o inimigo de informações sobre os assuntos de Estado e, ao mesmo tempo, conter a influência das mensagens críticas ao governo, devendo, portanto, estar sob o controle, em última instância, da inteligência militar, cujos órgãos eram especializados e preparados para a tarefa de interceptar e decodificar as comunicações contrárias à segurança nacional. Esse esquema de pensamento joga luz sobre a colaboração submissa do Ministério da Justiça com o SNI, conforme assinala Gláucio Dillon Soares. O ministério encaminhava os materiais considerados suspeitos para o SNI, enquanto o órgão de inteligência entregava ao ministério os trabalhos avaliados como hostis ao regime para que fossem censurados[24]. Além de expedir ordens para a realização de atividades censórias, a inteligência monitorou a atuação da Divisão de Censura de Diversões Pública (DCDP) do Departamento da Polícia Federal (DPF), que integrava formalmente a Comunidade de Informações[25]. Documento datado de abril de 1971 mostra que o SNI exercia pressão ideológica sobre o órgão de censura. Ele apresenta críticas e exige maior rigor no trabalho de censura sobre manifestações culturais e políticas que colocavam em questão o regime. O SNI faz o mapeamento dos canais de penetração ideológica do inimigo interno representado pelo movimento comunista

---

[24] SOARES, Gláucio Ary Dillon. A censura durante no regime autoritário. *Revista Brasileira de Ciências Sociais [da] Associação Nacional de Pós-Graduação e Pesquisa em Ciências Sociais*, Brasília, v. 4, n. 10, jun. 1989. Disponível em: https://www.researchgate.net/publication/266022803_A_Censura_durante_o_regime_autoritario.

[25] No trabalho apresentado na ESG no ano de 1970, intitulado *Estruturas das informações de segurança no Brasil: aspectos conjunturais*, o coronel Mario Orlando Ribeiro Sampaio, que foi chefe da Secretaria do SNI entre 1964 e 1968 e ocupou esse cargo de 1973 a 1975, assumindo posteriormente a chefia do CIE de 1981 a 1983, define a Comunidade de Informações. Consiste numa "estrutura de informações, cujos órgãos tratem especificamente de informações especializadas a serem integradas com outras informações provenientes de diversas fontes". Os órgãos da Comunidade de informações, de acordo com o oficial de inteligência, são órgãos de informações que realizam operações de informações. O SNI é o órgão coordenador da Comunidade de Informações, da qual fazem parte o Cenimar, CIE, Sisa, DPF, entre outros. SAMPAIO, Mario Orlando Ribeiro; FERREIRA, Luiz. *As estruturas das informações de segurança no Brasil*: aspectos conjunturais. Conferência proferida em 11 maio de 1970, na ESG. Curso de Informações. Equipe da Daici. p. 1-10.

e destaca os temas considerados adversos aos valores dominantes na sociedade. Jornais, revistas, rádio, televisão, cinema, teatro e música são citados como os setores da área cultural por onde ocorriam as influências dos grupos de esquerda. Considerada um dos mais importantes entre os múltiplos canais de comunicação, a imprensa era percebida como o alvo principal de infiltração subversiva. O documento registra que a "Comunidade de Informações" procurava levar ao "Órgão Central" os resultados de estudos analíticos sobre o que se passava na imprensa brasileira. Ou seja, órgãos de informações revelavam que monitoravam os organismos de comunicação, tinham conhecimentos de quem eram os agentes mentores das infiltrações de esquerda e procuravam agir para impedir a expansão das influências ideológicas subversivas. Entretanto, ressalta o SNI, o que fugia ao controle dos serviços de inteligência "é precisamente o Serviço de Censura, peça fundamental dessa engrenagem, e que tem se mostrado inadequado para o momento atual". Uma censura eficiente era exigida pela inteligência como condição para impedir a disseminação "de ideias que buscavam através dos veículos de divulgação exercer uma ação ilegal na tentativa de implantar a república socialista"[26].

A inteligência militar considerava que as disputas ideológicas travadas no país eram parte integrante da estratégia de luta armada adotada pelas esquerdas para derrubar o regime. O controle sobre os efeitos das lutas ideológicas que se disseminavam na sociedade e no interior do Estado exigia, portanto, a contenção da guerra revolucionária na sua dimensão militar. Nesse sentido, os serviços de inteligência foram decisivos para mobilizar ideologicamente as consciências militares e comprometer as Forças Armadas com as campanhas antissubverssivas a partir de 1968. Em contrapartida, as Forças Armadas foram a principal fonte de recursos humanos e materiais para expansão das operações de informações comandadas pela inteligência militar. Dessa ótica, é possível compreender o sentido do trabalho apresentado na Escola Superior de Guerra pelo coronel de inteligência Iris Lustosa, que se tornou chefe do Centro de Informações do Exército (CIE). O oficial militar assinalou que a segurança interna era parte integrante da segurança nacional e acrescentou:

---

[26] Presidência da República. Serviço Nacional de Informações. Agência do Rio de Janeiro. Informação n.º 343/71/ ARJ/SNI.SS-16-055. Arquivo Nacional. Memórias Reveladas. Disponível em: http://imagem.sian.an.gov.br/acervo/ derivadas/br_dfanbsb_v8/mic/gnc/aaa/71035765/br_dfanbsb_v8_mic_gnc_aaa_71035765_d0001de0001.pdf.

"Se as Forças Armadas são essenciais à execução da Política Nacional de Segurança, obviamente também o serão à execução da Segurança Interna"[27], o que demandava a existência de órgãos militares especializados no campo das informações. A materialização dessa proposição se revelou com a estruturação e funcionamento dos DOI-Codi, que foi um sistema concebido como desdobramento das atividades da Oban. Comandados pelos oficiais militares do Exército, os dois órgãos desempenharam um papel central para conter a guerra revolucionária. As ações conjuntas dos serviços de inteligência com as tropas regulares das Forças Armadas, em especial o Exército, constituíram o modelo para enfrentar as guerrilhas urbanas e rurais durante o governo Médici, conforme evidenciam as operações realizadas no Vale do Ribeira no ano de 1970 para neutralizar a Vanguarda Popular Revolucionária (VPR). A experiência obtida no Vale do Ribeira foi determinante para a redefinição dos termos conceituais que orientaram a Operação Pajussara executada no sul da Bahia em setembro de 1971, que eliminou Carlos Lamarca. As ações combinadas dos órgãos de informações com as forças militares regulares ocorreram até o fim do governo Médici e início do governo Geisel, conforme demonstram as operações antiguerrilha no Araguaia, no sul do Pará, para neutralizar o Partido Comunista do Brasil (PCdoB).

As políticas adotadas pelo governo Médici para conter os efeitos da guerra revolucionária confirmam a interpretação que lhe atribui a conceituação de governo compartilhado com inteligência militar. Houve total afinidade entre as decisões tomadas pelo presidente e as estimativas produzidas pelos serviços de inteligência sobre questões de segurança interna. Na condição de autoridade central que promoveu a escalada da violência política e defendeu a institucionalização do modelo político regulado pelo AI-5, o governo atuou comprometido com o fortalecimento do esquema de inteligência militar, com quem dividiu as responsabilidades sobre as decisões do regime. Forneceu as condições institucionais para a ampliação e integração dos serviços de inteligência com a criação do Sisni e do sistema DOI-Codi e ele próprio, o governo, se tornou uma extensão da Comunidade de Informações. No ano de 1970, Médici regularizou as

---

[27] OLIVEIRA, Iris Lustosa de; BARCELOS, Roberto de Castro; VERRASTRO, Pedro. *Política e estratégia (1976-1985)*: campo militar. Estruturas de segurança pública. Rio de Janeiro: ESG/Departamento de Estudos, 1975. p. 5.

Divisões de Segurança e Informações, consideradas pelo general Ivan de Souza Mendes como órgãos de informações presentes em todos os ministérios civis que agiam articuladas ao SNI. A decisão do presidente Médici foi emblemática no sentido de submeter o conjunto da estrutura governamental ao esquema de vigilância da inteligência militar, uma esfera comprometida prioritariamente com a definição dos inimigos internos e amparada pelos dispositivos da Lei de Segurança Nacional.

O expressivo protagonismo da inteligência militar alcançado no governo Médici, exercendo intensa vigilância sobre a sociedade e rigoroso controle sobre o aparelho estatal, representou a forma mais acabada do projeto idealizado para organizar institucionalmente o poder após 1964. As políticas de segurança interna foram plenamente compartilhadas entre os generais da cúpula governamental junto à Presidência, os oficiais da inteligência que chefiavam o vasto sistema nacional de informações e os integrantes da alta hierarquia das Forças Armadas que exerciam comandos superiores na instituição. A dinâmica do processo político pós-1964 pode ser mais bem compreendida, se considerarmos as articulações e embates travados entre os dirigentes militares pertencentes a esses três principais centros de poder do aparelho repressivo e dos quais resultaram os momentos de maior consenso (1968-1973) e divergências (1974-1985) sobre o papel que as Forças Armadas deveriam desempenhar na sociedade e o tipo de regime necessário para cumprir a missão do que denominavam de "Revolução Redentora".

Guardadas as devidas diferenças, todos os governos militares tomaram medidas para expandir e fortalecer o sistema de inteligência e com este dividiram as responsabilidades sobre as decisões fundamentais dos rumos do regime. Embrionário no governo Castelo, esse modelo que deveríamos chamar de regime de inteligência militar se afirmou com o presidente Costa e Silva e alcançou sua plenitude no governo Médici, no ambiente de maior coesão entre os dirigentes, quando os órgãos de informações comandados pelas Forças Armadas ganharam relevância sobre o SNI. O modelo teve continuidade com os generais Geisel e Figueiredo, apesar dos conflitos internos surgidos com a implementação da liberalização após 1974, quando as estruturas do SNI passaram a ser fortalecidas tendo em vista o projeto de retirada das Forças Armadas da luta antissubverssiva. Deriva daí a seguinte proposição: o traço marcante do regime instalado em 1964 reside no seu caráter ideológico manifestado na posição de preponderância ocupada pela inteligência militar em relação aos aparelhos do Estado. Vasta estrutura de produção de informações que davam fundamento às estratégias repressivas de segurança interna, dotado de canais de comunicação diretos com o aparelho militar e o conjunto dos órgãos governamentais, o sistema de inteligência coordenado pelo SNI se tornou o instrumento central da guerra psicológica e o verdadeiro guardião da Lei de Segurança Nacional.

Capítulo I

INTELIGÊNCIA E LEI DE SEGURANÇA NACIONAL

Parece um contrassenso falar em leis de um regime que se instalou a partir de um rompimento com as normas democráticas e gradativamente assumiu o terror como projeto de poder. Todavia, os dirigentes constituíram uma base legal para justificar os atos ditatoriais e enfrentar o que entendiam por atentados contra a segurança nacional, expressão associada no vocabulário militar à segurança do governo ou mesmo à preservação da ordem política vigente. A criação de um regime legal evocava a existência de um Estado de direito, obscurecendo a distinção entre regimes não submetidos à vontade da população, impostos por governos, e os regimes ditatoriais com bases constitucionais[28]. Assim deve ser compreendido o significado simbólico da vasta legislação autoritária instituída após 1964 que visava regular o exercício do poder pelo aparelho repressivo, do qual faziam parte os serviços de inteligência militares e o SNI.

Nas suas quatro edições, a Lei de Segurança Nacional constituiu a formalização jurídica dos princípios da Doutrina de Segurança Nacional desenvolvida pela ESG e representava na sua essência o projeto de montagem de um Estado policial. Nessa linha de pensamento, segue um dos ideólogos da LSN, o jurista Mário Pessoa, professor da Faculdade de Direito da Universidade Federal de Pernambuco e vinculado à ESG. Ele escreveu o livro *O Direito da Segurança Nacional*, publicado em 1971, no qual justificou, no plano jurídico, a dominação ilimitada do Estado. *O direito da segurança nacional* é definido como "o conjunto de normas jurídicas que visam a conferir ao Estado a manutenção da ordem sociopolítica"[29]. Entre os princípios que orientam o Direito da Segurança Nacional, encontra-se o da liberdade, que está presente, segundo o autor, não apenas nas decla-

---

[28] PEREIRA, Antony W. *Ditadura e repressão*: o autoritarismo e o estado de direito no Brasil, no Chile e na Argentina. São Paulo: Paz e Terra, 2010.

[29] PESSOA, Mário. *O direito da segurança nacional*. Rio de Janeiro: Biblioteca do Exército; Revista dos Tribunais, 1971. p. 241.

rações dos direitos individuais, mas acha-se também incluído como uma prerrogativa do Estado, como um dos direitos do Estado. Nesse caso, o conceito de liberdade que dá substância ao Direito da Segurança Nacional coloca o Estado na posição de que "não está submetido a nenhuma lei". A "Liberdade estatal" ganha o significado de "dominação sobre homens dentro do território", possibilitando o "exercício ilimitado daquele poder"[30].

Mário Pessoa sustenta que o Direito da Segurança Nacional possui uma autonomia legislativa. No plano legislativo, este direito "sempre se organizou e sistematizou à parte", não sendo tutelado por um direito penal comum[31]. Numa perspectiva histórica, é descrito como um sistema que conjuminou "decretos, decretos-leis, constituições, leis, portarias, atos institucionais, atos complementares, decretos-legislativos etc." Todas essas medidas legais que versam sobre a matéria da Segurança Nacional incluem, segundo o autor, os seguintes referentes:

> Ao Conselho de Segurança Nacional e órgãos complementares; ao Tribunal de Segurança Nacional; aos Crimes contra o Estado e à Ordem Política e Social; aos Crimes de responsabilidades; à Defesa Civil; aos Estrangeiros; à Greve; às Informações; à Liberdade de Imprensa; aos Partidos Políticos e Legislação Eleitoral; à Paz e Segurança do Continente; Prioridade para a Segurança Nacional; às Telecomunicações; às Zonas Indispensáveis à Defesa do País.[32]

O jurista atribui ao Direito da Segurança Nacional o papel de representar a oposição legal às ameaças ou às agressões internas e externas. Voltadas para a preservação da ordem pública, as leis que tutelam a Segurança Nacional assumem um caráter ideológico em função da "difícil conjuntura política" de combate às ações subversivas. Ou seja, as leis que salvaguardam a Segurança Nacional "reprimem ilícitos pessoais, que visam à implantação de uma determinada ideologia pela violenta substituição institucional". Nesse sentido, as leis de Segurança Nacional são consideradas ações que se antagonizam aos esforços da subversão interna e externa[33]. Além de serem definidas como leis de ordens públicas

---

[30] *Ibidem*, p. 261-262.

[31] *Ibidem*, p. 270.

[32] *Ibidem*, p. 270.

[33] *Ibidem*, p. 246.

e ideológicas, Mário Pessoa assinala que as leis que preservam a Segurança Nacional são excepcionais, imperativas e devem ser flexíveis e versáteis, de modo que possam responder, "sem prejuízo da estabilidade jurídica no setor, às imprevisíveis formas como se manifestam os ilícitos penais nelas previstos"[34].

Diante dessas considerações, é possível afirmar que as três versões da Lei de Segurança Nacional instituídas após 1964 conferiam autoridade aos órgãos do aparato do Estado, sobretudo aos serviços de inteligência, para intervirem nas diversas áreas de atividade social, sob a justificativa de garantir a segurança interna. Trabalho apresentado na ESG assinala que a LSN era "um instrumento a serviço da nação [...] para uso dos poderes específicos, quando os Objetivos Nacionais permanentes estiverem ameaçados [...] por meio de ações políticas, econômicas, psicossociais e militares"[35]. Como se observa, as versões da LSN eram automaticamente vinculadas aos temas da subversão, do inimigo interno, da luta contra a guerra revolucionária promovida pelo comunismo internacional. As leis criminalizavam as ações de contestação ao Estado e possuíam amplas possibilidades de aplicação penal. A noção de segurança nacional afetou todos os aspectos da vida social. Adquiriu um caráter abrangente, uma vez que transcendia a esfera militar e alcançava a política. Até mesmo a crítica política, econômica ou administrativa dirigida ao governo poderia ser interpretada de acordo com o conceito de segurança nacional. Nesses casos, o cidadão transformava-se em inimigo do Estado e alvo da legislação de exceção[36].

As versões da LSN devem ser entendidas como parte da escalada de militarização e recrudescimento ideológico inscrito na natureza do regime instalado em 1964. O auge desse processo se deu com o Decreto-Lei de 29/09/1969, instituído no rastro do AI-5. O maior grau de rigor da segunda versão da LSN e do seu conteúdo intimidatório respondeu aos crescentes desafios diante da ampliação das manifestações oposicionistas, da estratégia de luta armada adotada pela esquerda e do aprofundamento

---

[34] PESSOA, Mário. *Da aplicação da Lei de Segurança Nacional*. São Paulo: Saraiva, 1978. p. 9-12.

[35] BRITO, Pedro Neudo. *A nova sistemática da Lei de Segurança Nacional e suas implicações no campo político*. [*S. l.*]: CSG/Departamento de Estudos, 1984. Trabalho especial.

[36] COSTA, Mauricio Mesurini da; DIRSCHNABEL, Leandro. A doutrina da segurança nacional: justificação da ditadura militar e perseguição do "inimigo". *Revista de Direito Univille*, Joinville, v. 2, n. 1, p. 9-25, dez. 2012.

das dissidências internas ao regime que antecederam a decretação do AI-5. Há uma forte correlação entre a versão da LSN (Decreto-Lei n.º 898) de 29 de setembro de 1969 e a interpretação dominante daquele momento político quando a inteligência militar passou a enfatizar a expansão da guerra revolucionária. As avaliações conjunturais produzidas pelo SNI e serviços de inteligência militares apresentadas naquela conjuntura, na reunião CSN em dezembro de 1968, apontavam que a contrarrevolução estava nas ruas[37], espalhava-se pelo tecido social e ameaçava as instituições do Estado, sobretudo as Forças Armadas. Acreditamos que as estimativas dos serviços de inteligência irradiaram-se para o conjunto dos aparelhos do Estado e provocaram mudanças na percepção dos dirigentes responsáveis pelas políticas governamentais. Dessa forma, as estimativas fundamentaram as opções estratégicas operadas com o AI-5 e seu desdobramento manifestado na LSN de 1969, que buscou salvaguardas legais mais consistentes para defender o regime contra o avanço da contestação política e influência ideológica das forças de oposição.

O Decreto-Lei n.º 898, de 29 de setembro de 1969, foi a versão da LSN que vigorou por mais tempo. Assim como a edição de 1967, a Lei de 1969, de autoria de Gama e Silva, ministro da Justiça, teve uma preocupação acentuada em proteger o Estado contra um "inimigo interno". Foram incorporados os artigos que cerceavam os direitos individuais, entre eles a liberdade de imprensa. Os editores, os proprietários e os jornalistas eram responsabilizados criminalmente pela veiculação de fatos ou opiniões de terceiros que pudessem infringir algum artigo da lei. Era uma prerrogativa do Estado a apreensão de edições de jornais e revistas ou o fechamento de publicações que violassem a LSN. Ao maior cerceamento das liberdades individuais correspondeu a maximização das penalidades, em especial aquelas relacionadas aos denominados crimes de organização e de propaganda subversiva. Os dispositivos jurídicos "crimes de organização" referiam-se àquelas parcelas da sociedade que se dispuseram a praticar ações militares como meio de se opor ao regime. A mobilização de recursos militares por parte de grupos de esquerda foi legalmente enquadrada como ato de terrorismo. As sanções previstas podiam chegar à pena de morte, à prisão perpétua ou ao banimento do território nacional. A luta

---

[37] Sobre as estimativas formuladas pelo SNI na crise de 1968, veja: CARVALHO, 2023.

armada dos grupos de esquerda era apenas uma das preocupações dos inúmeros dispositivos da LSN de 1969, que também proibia a realização de greves em serviços essenciais ou públicos. Assim como na LSN de 1967, a versão de 1969 estabelecia que tanto militares quanto civis que cometessem crimes contra a segurança nacional seriam submetidos ao processo e julgamento pelo foro militar. Além disso, o encarregado do inquérito podia manter o indiciado preso durante as investigações pelo prazo de 30 dias, sendo ainda permitido manter o preso incomunicável pelo prazo de 10 dias.

A LSN de 1969 forneceu as bases jurídicas para os órgãos do aparelho repressivo agirem contra todo tipo de contestação política que pudesse afetar a estabilidade do regime e sua principal base de sustentação, as Forças Armadas. Embora tivesse um caráter abrangente, é possível perceber que duas prioridades ganharam destaque nos artigos da lei, tendo em vista a necessidade de exercer controle sobre a segurança interna. A expansão da guerra revolucionária e atuação dos meios de comunicação seriam os motes principais do Decreto-Lei n.º 898/1969.

Para reforçar nossa convicção, vamos analisar a Lei de Segurança Nacional de 1969 na condição de um texto discursivo, e, como tal, ele pode ser objeto de uma investigação quanto à incidência dos seus termos. A sequência de termos relacionados aos meios de comunicação ganhou primazia no texto. Os meios de comunicação aparecem representados por meio dos seguintes veículos: *rádio, televisão* e *jornais*. No texto da lei, esses veículos também recebem as denominações de estação de rádio, radiodifusão, imprensa e periódicos. Eles estão presentes em torno de 10% dos artigos da LSN de 1969, mesmo se localizados isoladamente. O mesmo ocorre com o conjunto de termos associados a *guerra revolucionária*, que se desdobram em *guerra subversiva* e *guerra psicológica*. Eles também ocorrem em torno de 10% dos artigos da LSN de 1969. Nenhum outro conjunto de termos alcança tal incidência no texto da lei. Em seguida aparece o conjunto de termos que relacionam Forças Armadas, instituições militares, autoridade militar e operações militares. Por último, é possível observar a incidência dos termos *poderes da república, autoridade constituída, autoridade pública* e *governo*[38].

---

[38] Câmara dos Deputados. Legislação Informatizada. Decreto-Lei n.º 898, 29 set. 1969. Publicação original. Disponível em: https://www2.camara.leg.br/legin/fed/declei/1960-1969/decreto-lei-898-29-setembro--1969-377568-publicacaooriginal-1-pe.html.

Se procede a análise desenvolvida sobre o texto da LSN de 1969, é possível afirmar que a guerra revolucionária que ameaçava a segurança nacional ou segurança interna bem como as informações sobre o regime difundidas pelos veículos de comunicação representavam as principais preocupações dos dirigentes. Talvez possamos melhor esclarecer essa proposição, se colocarmos em tela os artigos que envolveram esse universo de termos apontados anteriormente e o significado que tomaram no texto da lei. Inicialmente devemos considerar que a aplicação da Lei de Segurança Nacional abrangia "toda pessoa natural ou jurídica" que promovia a guerra revolucionária ou subversiva no país. Conceito amplo que se confundia com as diversas formas de contestações, a guerra revolucionária, segundo os dirigentes, transcorria com a guerra psicológica, definida pela lei como o "emprego de propaganda e contrapropaganda e de ações no campo político, econômico, psicossocial e militar" cuja finalidade era "provocar opiniões, emoções, atitudes e comportamentos [...] contra a consecução dos objetivos nacionais"[39].

O campo da guerra psicológica, como se observa, remetia-se ao campo da disputa em torno das crenças e valores que formavam a opinião pública do país, uma esfera sobre a qual os meios de comunicação, pela sua própria natureza, exerciam decisiva influência. Dessa forma, é possível compreender a razão pela qual, no texto da LSN de 1969, os termos relacionados aos meios de comunicação — *imprensa, televis*ão e *rádio* — ganharam ênfase. Se na Lei de Segurança Nacional de 1967 os veículos de comunicação receberam apenas cinco citações correspondentes a seis artigos, na Lei de Segurança Nacional de 1969 eles são citados treze vezes e correspondem a 10 artigos, referentes aos Capítulos II e III, que dispõem, respectivamente, sobre "Crimes e penas" e "Do processo e julgamento". Como explicar o lugar de maior destaque ocupado na LSN de 1969 pelos meios de comunicação que desempenhavam um papel central na produção de informações e possuíam uma enorme capacidade de difusão de mensagens para o público nacional? Os debates e críticas originados das práticas dos veículos de comunicação, que estimulavam a formação da opinião pública, foram colocados no campo de influência do inimigo interno, sobretudo após a crise política de 1968 e a radicalização ideológica com o AI-5. Os veículos de comunicação passaram a ser vistos com maior desconfiança uma vez que eram considerados um setor

---

[39] *Ibidem.*

da opinião pública infiltrados de agentes comunistas e, portanto, fonte de deturpações sobre a atuação dos governos dos generais. Em diversos documentos oficiais, a inteligência militar viu os veículos de comunicações, sobretudo a imprensa, como um ator aliado ao inimigo interno, dado que compartilhavam com suas coberturas jornalísticas o comportamento subversivo das oposições[40]. Não foram outros os motivos da existência do Art. 45 da LSN de 1969, de caráter intimidatório, que considerava crime fazer propaganda subversiva por

> [...] meios de comunicação social, tais como jornais, revistas, periódicos, livros, boletins, panfletos, rádio, televisão, cinema, teatro e congêneres, como veículos de propaganda de guerra psicológica adversa ou de guerra revolucionária ou subversiva.[41]

A principal evidência da maior centralidade dos veículos de comunicação no texto da LSN de 1969, em comparação com o da LSN de 1967, reside não só na maior quantidade de citações presentes, mas também no fato de que surgiram novas definições de crimes contra a segurança nacional, e, em alguns crimes contra a ordem política e social, as penas se tornaram mais agravadas quando envolviam a imprensa, a televisão e o rádio. Vejamos alguns artigos que ilustram nossas observações. Quando trata dos "Crimes e penas", a lei considerava delito "Divulgar, por qualquer meio de comunicação social, notícia falsa, tendenciosa ou fato verdadeiro truncado ou deturpado, de modo a indispor ou tentar indispor o povo com as autoridades constituídas" (Art.16). Segundo esse artigo, no inciso 3 (§ 3°), a lei afirma que "Se a responsabilidade pela divulgação couber a diretor ou responsável pelo jornal, periódico, estação de rádio ou de televisão será, também, imposta a multa [...]" e a "As penas serão aplicadas em dobro, em caso de reincidência"[42].

A LSN de 1969 instrumentalizou legalmente os órgãos do aparelho repressivo para o uso da força e da violência não só contra contestações que empregavam a luta armada para derrubar o regime. Os embates ideológicos estiveram no centro das atenções quando os dirigentes reforçaram

---

[40] Ministério do Exército. Gabinete do Ministro. CIE-S/103. Atividades terroristas no país. Período: 6 jan. 1969-16 jan. 1969. Arquivo Nacional. Memórias Reveladas. Disponível em: http://imagem.sian.an.gov.br/acervo/derivadas/br_dfanbsb_aaj/0/ipm/0034/br_dfanbsb_aaj_0_ipm_0034_d0001de0001.pdf.

[41] Câmara dos Deputados. Legislação Informatizada. Decreto-Lei n.º 898, 29 set. 1969. Publicação original. Disponível em: https://www2.camara.leg.br/legin/fed/declei/1960-1969/decreto-lei-898-29-setembro-1969-377568-publicacaooriginal-1-pe.html.

[42] *Ibidem.*

os mecanismos institucionais de controle sobre os meios de comunicação com o objetivo de impedir a livre expressão. A criminalização das práticas da liberdade de opinião foi o caminho adotado pela LSN para neutralizar as críticas oposicionistas no campo da imprensa. Como espaço principal na formação da opinião nacional, os veículos de comunicação ficaram sob a ameaça de receberem a carga repressiva da lei. Foi o caso do Art. 34, que abordava a questão da ofensa moral sobre quem exercia autoridade, fosse por motivos de facciosismo, fosse por inconformismo político. Nesse caso, a lei faz novamente menção aos veículos de comunicações, no sentido de que, "se o crime for cometido por meio da imprensa, rádio, ou televisão, a pena é aumentada de metade"[43].

O mesmo ocorreu no Art. 36, que estabelece como crime a ofensa à honra ou à dignidade do presidente ou do vice-presidente da República e demais autoridades do Executivo e Legislativo federal e estadual. Nesse caso,

> Se o crime for cometido por meio de imprensa, rádio ou televisão a pena é aumentada de metade, além da multa de 50 a 100 vezes o valor do maior salário-mínimo vigente no país, se a responsabilidade couber a diretor ou responsável por tais órgãos da imprensa, escrita e falada.

Assim como na LSN de 1967, a LSN de 1969, conforme o Art. 39, considerava crime incitar:

> I. *A guerra ou* à *subversão da ordem político-social;*

> II. *A desobediência coletiva* às *leis;*

> III. *A animosidade entre as Forças Armadas ou entre estas e as classes sociais ou as instituições civis;*

> IV. *A luta pela violência entre as classes sociais;*

> V. *A paralisação de serviços públicos, ou atividades essenciais;*

> VI. *Ao ódio ou* à *discriminação racial.*

---

[43] *Ibidem.*

Diferentemente da LSN de 1967, que previa apenas a "pena aumentada pela metade", se o crime fosse praticado por meio de imprensa, panfletos, ou escritos e de qualquer natureza, radiodifusão ou televisão, o inciso 1 (§ 1º) do Art. 39 da LSN de 1969 previa que a pena de reclusão alcançaria entre 15 e 30 anos, se os "crimes previstos nos itens I a IV forem praticados por meio de imprensa, rádio difusão ou televisão"[44].

Embora situados no campo da esfera privada, os veículos de comunicação passaram a ficar totalmente sujeitos à vontade política dos dirigentes do Estado, que dispunham do aparato legal para suas intervenções repressivas. Todavia, é possível apontar diferenças nos textos da lei promulgados por Castelo e pelo presidente Médici. Se na LSN de 1967 o ministro da Justiça "poderá determinar investigações sobre a organização e o funcionamento das empresas jornalísticas, de radiodifusão ou de televisão [...]", na LSN de 1969, conforme o Art. 54, ele

> [...] poderá determinar a apreensão de jornal, periódico, livro ou qualquer outro impresso, a suspensão de sua impressão, circulação, distribuição ou venda, no território brasileiro, e, se tratar de radiodifusão ou de televisão, representar ao Ministro de Estado das Comunicações, para a suspensão de seu funcionamento.[45]

Assim como na LSN de 1967, a de 1969 contém o artigo que reforçava a condição de foro militar para o julgamento dos veículos de comunicação e profissionais a eles pertencentes quando fossem acusados de cometer crimes contra a segurança nacional. Maria Aparecida de Aquino analisou os processos de natureza política que atingiram a imprensa. A autora sustenta que a maior parte deles buscou atingir, mais do que jornalistas, os proprietários ou os responsáveis pelos periódicos. O alvo prioritário dos processos não eram as pessoas, mas a imprensa como instituição social. Dessa forma, a capacidade de atuação repressiva era potencializada. Ao atingir os proprietários/responsáveis, os processos golpeavam toda a publicação, que sofria impactos financeiros a ponto mesmo de ficar ameaçada de desaparecer do mercado jornalístico[46].

---

[44] *Ibidem.*

[45] *Ibidem.*

[46] AQUINO, Maria Aparecida de. Caminhos cruzados: imprensa e Estado autoritário no Brasil (1964-1980). Tese (Doutorado) – Universidade de São Paulo. Faculdade de Filosofia, Letras, e Ciências Humanas. Departamento de História. São Paulo, 1994.

As evidências apresentadas reforçam a interpretação de que o controle sobre os veículos de comunicação e o combate à guerra revolucionária constituíram os focos centrais da LSN de 1969. Esta foi instituída como antídoto aos movimentos de desobediência civil que se generalizaram nas conjunturas de 1967 e 1968, conforme demonstraram os grandes protestos sociais e o início das ações armadas das organizações revolucionárias, como também os discursos oposicionistas veiculados pela imprensa que atacavam as Forças Armadas, fomentavam a opinião pública contra o governo e colocavam em questão o regime militar. Havia na época a percepção dominante nos meios militares da necessidade de uma reação mais severa e ampla para conter a contestação política-ideológica que estaria sendo insuflada do exterior, ganhava graus de violência sem precedentes e repercutia livremente pela imprensa. O enfrentamento das contestações generalizadas e, em particular, da luta armada promovida pelas organizações e partidos de esquerda exigia, por sua vez, a permanente e rigorosa ação de controle sobre o conteúdo das mensagens difundidas pelos veículos de comunicação que poderiam não só denegrir a imagem do regime e fragilizar sua credibilidade na esfera da opinião pública, mas sobretudo vazar informações estratégicas. No contexto de maior violência prevista para conter a guerra revolucionária, era preciso, portanto, adotar o sigilo absoluto para resguardar aqueles que executariam as operações antissubverssivas. Dessa forma, podemos compreender a razão pela qual o segredo se constituiu no instrumento central do Estado e foi utilizado por todos os órgãos do aparelho repressivo, sobretudo pelos serviços de inteligência. Nessa questão devemos resgatar o pensamento de Hannah Arendt, para quem o segredo é parte constitutiva dos assuntos de Estado, e no texto da filósofa esse termo ganha os significados de embuste, falsidade deliberada, mentira descarada, usadas como meios legítimos para alcançar fins políticos[47].

Com base nessas considerações, foi possível identificar a presença de quatro artigos que envolveram o termo *segredo* no texto da LSN de 1969. É verdade que esses artigos já se encontravam anteriormente na LSN de 1967, mas ganharam atualidade, intensidade e uma nova dimensão em função da ampliação do sistema de inteligência e das operações de infor-

---

[47] ARENDT, Hannah. *A condição humana*. Rio de Janeiro: Editora Forense Universitária, 2004. p. 15.

mações executadas para neutralizar as ações armadas das organizações revolucionárias. Sabemos que a Oban fora criada dois meses antes da instituição da LSN de 1969 e o Sisni, um projeto anunciado na reunião CSN em julho de 1968, foi estruturado com o sistema DOI-Codi no ano seguinte, em meados de 1970.

Os quatro artigos da LSN de 1969 se referiam ao "conhecimento de segredo concernente à Segurança Nacional" que poderia ser comunicado por qualquer agente do Estado a um governo estrangeiro ou organização subversiva. A lei tipificava como crime "Revelar segredo obtido em razão de cargo ou função pública que exerça, relativamente a ações ou operações militares ou qualquer plano contrarrevolucionário, insurrectos ou rebeldes" (Art. 31). Estabelecia a pena de reclusão de 12 anos até a prisão perpétua, "se o segredo revelado causar prejuízo às operações militares ou aos planos aludidos" (parágrafo único do Art. 31)[48].

Os artigos da LSN de 1969 sobre a necessidade de segredo nos indicam quanto se tornou fundamental exercer o controle sobre as informações que eram difundidas no país. Cabia ao regime não apenas impedir que os inimigos tomassem conhecimento dos planos e ações do conjunto dos órgãos do aparelho repressivo, mas ter acesso às identidades dos agentes engajados diretamente na luta antissubverssiva. As restrições ao pleno exercício da liberdade de imprensa se impuseram como uma necessidade fundamental para neutralizar qualquer tipo de questionamento do regime e responsabilização dos dirigentes que pudessem ganhar expressão no campo da opinião pública com o programa repressivo implementado com o AI-5 e ampliado pela Emenda Constitucional n.º 1, de outubro de 1969, quando foi reforçada no texto a noção de segurança nacional.

Promulgada pela Junta Militar composta pelos ministros da Marinha de Guerra, do Exército e da Aeronáutica Militar, a Lei de Segurança Nacional de 1969 conferiu suporte jurídico-penal ao recrudescimento das ações repressivas-ideológicas para conter a guerra revolucionária. Em contrapartida, os órgãos do aparelho repressivo deveriam se subordinar ao que estabelecia a Lei de Segurança Nacional em vigor durante o recru-

---

[48] Câmara dos Deputados. Legislação Informatizada. Decreto-Lei n.º 898, 29 set. 1969. Publicação original. Disponível em: https://www2.camara.leg.br/legin/fed/declei/1960-1969/decreto-lei-898-29-setembro--1969-377568-publicacaooriginal-1-pe.html.

descimento ideológico do regime militar. Chefe do SNI no governo Sarney, o general Ivan de Souza corroborou essa interpretação quando justificou a atuação do órgão de inteligência na fase final da transição. Guardadas as devidas diferenças das circunstâncias políticas com relação ao período do governo Médici, a fala do oficial militar manifesta uma orientação do modo como agiu o órgão central do sistema de informações e coordenador das políticas relacionadas à segurança interna. O SNI obedece à lei, assinalou o general Ivan de Souza, e, entre as leis que regulam a atividades do SNI, consta, segundo o oficial de inteligência, "a nossa abençoada Lei de Segurança Nacional, tão abençoada que é ponto de honra derrubar a Lei de Segurança, por aqueles que são inimigos do regime"[49]. Os órgãos do aparato estatal que expressavam mais diretamente as finalidades da Lei de Segurança Nacional eram o SNI e os serviços secretos das Forças Armadas. Eles ocuparam a linha de frente na tarefa de eliminar o que os militares chamavam de inimigo interno.

---

[49] O general cita os seguintes instrumentos legais: Lei 4.341, de 13 jun. 1964 (Cria o Serviço Nacional de Informações); Decreto 79.099, de 6 jan. 1977 (Regulamento para Salvaguarda de Assuntos Sigilosos-RSAS); Decreto 82.379, de 4 out. 1978 (Aprova o regulamento do SNI); Código de Processo Penal – Lei de Segurança Nacional. Conjunto de documentos sem classificação de sigilo. Conferências realizadas na ESG e na ESNI, 10 jun. 1986. Íntegra da palestra do Exmo. Sr. Min. Ivan (86). O Serviço Nacional de Informações. Arquivo Nacional. Memórias Reveladas. Disponível em: htttp://imagem.sian.an.gov.br/acervo/derivadas/br_dfanbsb_v8/txt/agr/nre/0084/br_dfanbsb_v8_txt_agr_nre_0084_d0001de0001.pdf.

Capítulo II

INTELIGÊNCIA MILITAR

Diferentemente das nações capitalistas centrais e democráticas, onde há uma delimitação formal entre as atividades de inteligência de defesa e inteligência de segurança[50], no Brasil a inteligência militar se voltou para as questões das ameaças internas à ordem vigente e, dessa forma, subordinou e incorporou o aparato e as práticas de inteligência policial, em consonância com o caráter autocrático do modelo de transformação capitalista do país[51]. De fato, o desenvolvimento das atividades de inteligência no Brasil se realizou sob a hegemonia das instituições militares e de acordo com a importância que tomou o conceito de segurança nacional, sobretudo após o fim da Segunda Guerra Mundial, quando se expandiu a influência da doutrina americana de guerra revolucionária. Desde então, estreitaram-se os vínculos entre os EUA e o Brasil, os quais resultaram no estabelecimento de acordos de assistência militar e na criação da ESG, em 1949, nos moldes do WAR College americano. Nesse ambiente de maiores relações econômicas e político-militares entre os dois países, ganhou expressão o projeto para aparelhar o Estado brasileiro com avançados serviços de inteligência. Dessa perspectiva, deve-se compreender a monta-

---

[50] De acordo com a literatura sobre o tema, a inteligência de defesa consiste nas atividades de inteligência executadas para proteger a nação de um inimigo externo. Elas ganharam elementos de cientificidade e abrangência no contexto de formação dos modernos Estados europeus em disputa pela hegemonia mundial. Cepik assinala que esse modelo de inteligência se tornou parte integrante das mudanças das estruturas de comando militares ocorridas com as guerras napoleônicas. A inteligência militar do século XX, segundo o autor, acrescentou "à conspiração e à espionagem uma nova dimensão, a da coleta sistemática de informações básicas e menos perecíveis, seguida pela análise dos fatos e ideias novas, tendo como pano de fundo aqueles acervos informacionais, redundando na apresentação de relatórios de inteligência orientados para tornar mais racionais e informadas as decisões de comando". A inteligência de segurança, por sua vez, consiste nas atividades de inteligência interna ou doméstica. As origens das organizações de inteligência remontam ao policiamento político realizado na primeira metade da Europa no século XIX, decorrente dos movimentos revolucionários de natureza anarquista e socialista. Forças especializadas em manutenção da ordem interna, os serviços de inteligência "desenvolveram técnicas e recursos de vigilância, recursos de infiltração, recrutamento de informantes e interceptação de mensagens para repressão política dos grupos considerados subversivos". Extraído de: CEPIK, Marcos A. *Espionagem e democracia*. Rio de Janeiro: FGV, 2003. p. 95-99. Disponível em: https://professor.ufrgs.br/marcocepik/files/cepik_-_2003_-_fgv_-espionagem_e_democracia_21-apr-14_1.compressed.pdf.

[51] FERNANDES, Florestan. *A revolução burguesa no Brasil*. Rio de Janeiro: Zahar, 1976.

gem do sistema de inteligência no Brasil, que teve como ponto de partida a criação, em 1946, do Serviço Federal de Informações e Contrainformação (Sfici) e seu marco de expansão, em 1964, com a organização do Serviço Nacional de Informações.

O sistema de inteligência no Brasil foi concebido com base na ideia de que informação e segurança nacional são conceitos interligados e constitutivos da organização do Estado. Na interpretação da Escola Superior de Guerra, que formulou a Doutrina de Segurança Nacional, projetou o SNI em 1953 e orientou ideologicamente a estruturação do poder, a partir de 1964, o trabalho de inteligência consiste na produção de informações voltadas para garantir a segurança do Estado[52]. Os conceitos formulados pela ESG nos levam a definir que inteligência é uma atividade de Estado executada pelos órgãos que produzem conhecimento com propósito de orientar os dirigentes encarregados das decisões de governo. Com base nessa interpretação, inteligência diz respeito à coleta e ao processamento de informações que possam estar diretamente relacionadas à preservação dos interesses estratégicos do Estado. Tal como acentua Shulsky[53], inteligência refere-se às informações relevantes que os governos obtêm para formular e implementar políticas com o objetivo de promover seus interesses de segurança nacional e lidar com ameaças de adversários reais ou potenciais. As informações relacionadas à segurança nacional produzidas no quadro das atividades de inteligência têm, portanto, um caráter estimativo, uma vez que proporcionam conhecimento antecipado para os dirigentes realizarem avaliações sobre conjunturas políticas e desdobramentos futuros.

A concepção de segurança nacional professada pela ESG conferiu sentido à produção de inteligência na esfera do Estado. Fomentou, a partir de 1964, a criação de um Estado policial dotado de uma poderosa estrutura repressiva e com uma vasta rede de serviços secretos que os dirigentes militares chamavam de Comunidade de Informações. É verdade que nos anos anteriores o país já possuía uma diversificada estrutura de informações, constituída por órgãos militares e civis que atuavam com

---

[52] MOURA, Heitor Pinto de *et al*. *As informações e a segurança nacional*. Conferência proferida em abril de 1970, na ESG. Curso de Informações. p. 10.

[53] SHULSKY, Abram. *Silent warfare*: understanding the world of intelligence. New York: Brassey's, 1991.

relativa autonomia. Entretanto, a incipiente Comunidade de Informações anterior ao regime militar carecia de um órgão centralizador, que atuasse de fato em termos nacionais, estabelecesse uma estratégia abrangente de segurança do Estado e definisse as específicas tarefas a serem cumpridas por cada órgão. Com o propósito de desempenhar o papel-chave na coordenação das atividades de inteligência no país, foi criado o Serviço Nacional de Informações, que se tornou o principal órgão da Comunidade de Informações do regime militar.

Além de conceber o SNI, o regime reorganizou e criou órgãos de informações que eram conectados aos três ramos das Forças Armadas. Em termos históricos, teríamos três momentos diferenciados na relação dos serviços de inteligência com o regime militar. De 1964 a 1967, ocorreu a fase de afirmação das instituições do autoritarismo, que foi marcada pela criação do SNI e reorientação do papel desempenhado pelos órgãos de informações das Forças Armadas, quando passaram a exercer vigilância sobre os movimentos sociais. O SNI atuava como colaborador do CSN e estava submetido aos desígnios do poder do presidente, então comandante e representante maior das Forças Armadas. Com o recrudescimento ideológico do autoritarismo, que se estendeu de 1968 a 1973, o SNI e os órgãos de informações militares expandiram sua influência e se tornaram o núcleo de poder com maior capacidade para definir as políticas relacionadas à segurança do Estado. O processo de transição política se desenrolou de 1974 a 1985 e foi acompanhado pela redefinição do sistema de inteligência com ênfase no papel hegemônico do SNI, em detrimento dos órgãos de informações das Forças Armadas — Centro de Informações da Marinha (Cenimar), Centro de Informações da Aeronáutica (Cisa) e Centro de Informações do Exército —, que compartilhavam as responsabilidades no campo da segurança interna. Seja na fase de transição, seja após os dirigentes militares deixarem o exercício de governo, o SNI consolidou-se como órgão centralizador do Sisni e continuou a desempenhar as funções de natureza policial em consonância com o projeto de poder que lhe deu origem e fez do segredo o seu princípio fundamental.

Funcionando como um aparato de comando político, o sistema de inteligência militar alcançou seu pleno acabamento institucional no decorrer do governo Médici com a criação do Sisni, centralizado pelo SNI e a organização dos DOI-Codi do Exército. Essas duas grandes estruturas atuaram de forma coordenada no campo da informação. O Sisni reunia os órgãos de informações das Forças Armadas: o CIE e o DOI-Codi; o Cenimar; o Cisa. Os ministérios civis (Agricultura, Interior, Justiça, por exemplo) também integravam o Sisni. Eles mantinham as Divisões de Segurança e Informações e as Assessorias de Segurança de Informações (ASIs). Faziam ainda parte do Sisni as comunidades complementares de informações, que incluíam em seu esquema os órgãos de informação estaduais (Dops, Serviço Reservado da Polícia Militar-P2), municipais e entidades privadas selecionadas[54].

O Sisni desempenhava as atividades de informação e contrainformação e, de acordo com os dirigentes, tinha o objetivo de conter as manifestações da guerra psicológica promovida pelas organizações da esquerda armada que assumiram, no fim dos anos 1960, a luta armada como forma de oposição ao regime militar. Já o sistema DOI-Codi foi formatado de uma diretriz do presidente Médici. Tornou-se a mais importante estrutura militar da Comunidade de Informações para combater diretamente a guerra revolucionária. Projeto elaborado pela Secretaria-Geral do Conselho de Segurança Nacional e encaminhado ao presidente da República, os DOI-Codi, segundo Carlos Fico[55], concretizaram as diretrizes do que se denominou de "Sistema de Segurança Interna". A implementação do Sissegin foi planejada e projetou a reorganização desse ramo do aparelho repressivo com a seguinte estrutura. Cada comando militar deveria ter um Conselho de Defesa Interna (Condi), um Centro de Operações de Defesa Interna e um Destacamento de Operações de Informações, que ficavam sob a responsabilidade do comandante do Exército da Área. Cabia ao Condi assessorar os comandantes de cada área militar. Os Codi eram órgãos de planejamento voltados para a defesa interna. Subordinados aos Codi, os DOI eram unidades operacionais, encarregados de executar prisões, investigações e interrogatórios.

---

[54] Comissão Nacional da Verdade. Comissão da Verdade de SP mostra pesquisa sobre a estrutura da repressão. Brasília, 20 set. 2013. Disponível em: http:// www.cnv.gov.br/index.php/outros-destaques/339-comissoes-da--verdade-de-sao-paulo- mostra-pesquisa-sobre-estrutura-da-repressao. Organograma do Sisni disponível em: http://comissaodaverdade.al.sp.gov.br/relatorio/tomo i/downloads/SISNI3.pdf. VEJA a lista dos 377 apontados como responsáveis por crimes na ditadura. *G1*, Brasília; São Paulo, 10 dez. 2014. Disponível em: http://g1.globo. com/politica/noticia/2014/12/veja-lista-dos-377-apontados-como-responsaveis-por-crimes-na-ditadura. html.

[55] FICO, Carlos. Espionagem, polícia política, censura e propaganda. *In*: FERREIRA, Jorge; DELGADO, Lucília de Almeida Neves (org.). *O tempo da ditadura*: regime militar e movimentos sociais em fins do século XX. Rio de Janeiro: Civilização Brasileira, 2003. v. 4. p. 185.

O sistema DOI-Codi foi organizado nas principais capitais do país. De acordo com a "Diretriz Presidencial", o comando do Exército criou os seguintes DOI-Codi, no segundo semestre de 1970: DOI-Codi do I Exército, no Rio de Janeiro; do II Exército, em São Paulo, em substituição à Oban; do IV Exército, em Recife; do Comando Militar, em Brasília. No ano seguinte, foram criados o DOI-Codi da 5ª Região Militar, em Curitiba; da 4ª Divisão do Exército, em Belo Horizonte; da 6ª Região Militar, em Salvador; da 8ª Região Militar, em Belém; da 10ª Região Militar, em Fortaleza. O DOI-Codi do III Exército, em Porto Alegre, foi criado em 1974. O sistema DOI-Codi adotou, segundo Ustra, "uma linha de ação genuinamente brasileira, que serviu de ensinamento para vários outros países"[56].

As ações dos DOI-Codi, conhecidas pelo seu caráter policial-repressivo, constituíram algumas das fases do trabalho de inteligência comandado pelo Setor de Operações de Informações. Uma das maiores operações contra as organizações revolucionárias — a Operação Pajussara, que eliminou, no ano de 1971, o ex-líder da VPR Carlos Lamarca e desestruturou os planos de guerrilha rural no interior da Bahia — foi conceituada como Operação de Informações, em contraposição à abordagem que preconizava o emprego das forças terrestres tradicionais. A Operação Pajussara foi comandada pelo DOI do IV Exército, sediado em Salvador[57].

A obtenção de informações com base nas atividades de inteligência era a principal finalidade que permeava as estruturas dos DOI-Codi. Sob um comando militar centralizado, todas as seções do DOI do II Exército, por exemplo — Seção de Investigação, Seção de Busca e Apreensão, Subseção de Análise e Subseção de Interrogatórios —, operavam prioritária e indistintamente, no âmbito de suas especificidades funcionais, com o propósito de buscar conhecimento sobre o inimigo e alimentar o processo de produção das informações a respeito das organizações da esquerda armada. As operações de informações são, portanto, as lentes conceituais por meio das quais devemos compreender a trajetória do sistema DOI-Codi, cuja finalidade era combater de forma mais eficiente os inimigos

---

[56] USTRA, 1987, p. 127.

[57] BRASIL. Ministério do Exército / IV Exército 6ª Região Militar/ Quartel General 2ª Seção. Operação Pajussara (Relatório), 1971. Arquivo Nacional. Memórias Reveladas. Ministério da Justiça e Segurança Pública. Disponível em: http://imagem.sian.an.gov.br/acervo/derivadas/BR_DFANBSB_V8/MIC/GNC/AAA/71041397/BR_DFANBSB_V8_MIC_GNC_AAA_71041397_an_01_d0001de0001.pdf.

internos, sobretudo as organizações revolucionárias. É possível supor que o conceito de operações de informações tenha sido determinante na elaboração dos projetos sobre a estrutura e o modo de atuação dos serviços de inteligência comandados pelos militares após 1964, integrados no Sisni e no sistema DOI-Codi.

Antes mesmo da criação do Sisni e do DOI-Codi em meados do ano de 1970, é possível afirmar que ações militares da esquerda estavam sendo contidas pelas operações internas dos órgãos de informações. A Oban divulgou para a imprensa, em janeiro de 1970, que as ações organizadas pela esquerda armada estavam praticamente extintas[58]. Em junho de 1970, o coronel Erar de Campos Vasconcelos, chefe da 2ª Seção do II Exército, reafirmou a avaliação da Oban, expondo em palestra, de forma mais detalhada, algumas das realizações da repressão. Além da desestruturação da Vanguarda Armada Revolucionária Palmares (VAR-Palmares) e desarticulação completa da Ala Vermelha do PCdoB, da Frente Armada de Libertação Nacional (FALN) e da Frente Estudantil pela Luta Armada (Fela), os principais líderes da VPR tinham sido presos e a ALN fora desmantelada, com a prisão de inúmeros líderes e a morte de Carlos Marighella[59].

É verdade que, no início do ano de 1970, a Vanguarda Popular Revolucionária formou a escola de guerrilha do Vale de Ribeira, em São Paulo. Paralelamente, a organização montou nas cidades do Rio de Janeiro e de São Paulo o setor urbano. Ex-militante da organização, Liszt Vieira assegura que a VPR, nesse período, estava apta a realizar qualquer tipo de ação, fosse assalto a bancos, fosse sequestro de autoridades, "tanto é que em março de 1970 o cônsul-geral do Japão foi sequestrado". Todavia, na interpretação do ex-militante, "tal ação, se era ofensiva militarmente, foi defensiva no plano político. Tratava-se de soltar companheiros presos"[60]. Com esse mesmo objetivo — no caso, libertar os militantes presos em decorrência do sequestro do cônsul japonês —, a VPR, comandada por Carlos Lamarca, sequestrou, no dia 11 de junho de 1970, o embaixador alemão, numa ação conjunta com a Aliança Libertadora Nacional. Apesar do êxito da operação, em meados do ano de 1970, o número de militantes

---

[58] OPERAÇÃO-DEMOCRACIA. *Jornal do Brasil*, 26 fev. 1970, p. 6.

[59] As Informações no II Exército e a Operação Bandeirantes, 29/06/1970 (data de arquivamento pelo Dops). Arquivo do Estado de São Paulo, Fundo Dops, Série Dossiês. 50-Z-9, 73, 13139, fls 8 a 10. JOFFILY, 2008, p. 41.

[60] Entrevistas concedidas ao autor em junho de 1988.

da organização não passava de 50. Nesse período, "éramos 15 ou 25 no Rio", declarou o escritor Herbert Daniel, ex-dirigente da VPR, para quem "o ano de 1970 caracterizou-se por inúmeras ações, como panfletagem, sequestros e pequenos assaltos, mas não houve crescimento político". A VPR não exercia "influência em decisão política de movimento algum da sociedade, a organização foi perdendo sucessivamente seus quadros e não se recompôs"[61]. Os depoimentos dos ex-militantes da VPR (talvez a organização mais preparada para realizar ações militares; sequestrou também o embaixador suíço no fim do ano de 1970) servem como indicadores para supor que, em meados de 1970, a esquerda armada, se não tinha sido eliminada, estava sob controle, circunscrita a pequenos grupos que acabariam mais cedo ou tarde desestruturados pelo aparato repressivo. Em palestra proferida na ESG em agosto de 1970, a equipe do Cenimar confirmou esse diagnóstico, apresentando as organizações de esquerda mais importantes no país, com as respectivas linhas políticas. Faziam parte da lista: Partido Comunista Brasileiro (PCB), Partido Comunista Brasileiro Revolucionário (PCBR), Ação Popular (AP), Vanguarda Popular Revolucionária, Vanguarda Armada Revolucionária Palmares, Aliança Libertadora Nacional, Partido Operário Revolucionário Trotskista e Fração Bolchevique Trotskista. Entre estas, a VPR e a VAR-Palmares eram consideradas as mais perigosas e ativas organizações em função dos recursos financeiros que obtiveram com as ações armadas. O organismo de inteligência da Marinha tinha informações corretas e uma avaliação real da capacidade de ação da VPR e da VAR-Palmares, que estavam enfraquecidas em termos da quantidade de seus membros. No levantamento, as duas organizações teriam no máximo, em conjunto, aproximadamente 300 militantes e simpatizantes[62].

A confirmação dos resultados sobre a esquerda armada não deveria significar a desestruturação do trabalho repressivo das forças de segurança. Em janeiro de 1970, a Oban havia comunicado que os "inimigos não teriam a menor possibilidade de rearticulação se o governo mantivesse a mesma linha de comportamento". Ressaltavam, entretanto, que, se a ação repressiva fosse atenuada, os comunistas reimplantariam o clima

---

[61] *Ibidem.*

[62] CENIMAR. *Atuais movimentos subversivos no Brasil.* Conferência proferida em 13 de agosto de 1970, na ESG, p. 20.

de intranquilidade em todo o território nacional[63]. Apesar do enfraquecimento das ações militares de esquerda, os organismos de informações, como a Oban, exigiam do governo, no ano de 1970, a continuidade das medidas repressivas. Os serviços de inteligência refletiam em seus posicionamentos os debates em torno do AI-5 e os rumos do regime[64], que se tornaram visíveis na imprensa, apesar da censura sofrida pelos jornais. Na verdade, a ESG foi o ponto de partida de um processo de reflexão sobre o modelo político assentado no AI-5. A instituição militar se tornou, durante o governo Médici, um centro de reflexão e difusão de propostas no campo político-institucional. Atores comprometidos com o regime — parlamentares, autoridades do Executivo, juristas e militares — apresentaram na escola as diferentes visões sobre a estratégia que pensavam adotar para institucionalizá-lo, dividindo-se entre a permanência e a extinção do AI-5. Embora restrito, o debate acabou ultrapassando os marcos da instituição militar e, em diversos momentos, ganhou repercussão na opinião pública[65]. Foi o caso, por exemplo, da palestra proferida na ESG em julho de 1970 pelo ministro da Justiça Alfredo Buzaid, que defendeu uma posição de continuidade. Ele via como improvável a incorporação do AI-5 à Constituição e defendia a manutenção das duas ordens, a constitucional e a institucional[66]. No dia seguinte a essa declaração de Buzaid, o editorial do *Jornal do Brasil* lembraria, como já nos referimos, que "O caminho da estabilidade seria o contrário do permanente estado revolucionário"[67].

Qual era o argumento da inteligência em defesa do AI-5? O ato se tornara o instrumento central de contenção das oposições que eram hegemonizadas pelas forças de esquerda. No documento intitulado "Como eles agem II", publicado no ano de 1970, o Cisa se utiliza da Resolução do Comitê Central do PCB para demonstrar os efeitos desarticuladores do AI-5 sobre as ações do partido, o mais importante representante da

---

[63] SEGURANÇA unida contra subversão sem liderança. *O Estado de São Paulo*, 6 jan. 1970, p. 16.

[64] O tema do AI-5 esteve presente em diversos documentos da inteligência, sobretudo do SNI. Presidência da República. Serviço Nacional de Informações. Agência Regional de São Paulo. Encaminhamento n.º 2/9/SNI/ASP/1971. (SC-1 (16/19) n.º 055/71, 22 jun. 1971. Arquivo Nacional. Memórias Reveladas. Disponível em: http://imagem.sian.an.gov.br/acervo/derivadas/br_dfanbsb_v8/mic/gnc/aaa/71033596/br_dfanbsb_v8_mic_gnc_aaa_71033596_d0001de0002.pdf.

[65] Sobre o debate em torno do modelo político, ver: CARVALHO, Aloysio Castelo de. *Liberalização e tutela militar*: o governo Geisel. Rio de Janeiro: Consequência, 2019.

[66] BUZAID diz na ESG que a Revolução não tem prazo. *Jornal do Brasil*, 4 jul. 1970, p. 4.

[67] TRANSITÓRIO e permanente. *Jornal do Brasil*, 4 jul. 1970, p. 4.

esquerda, que não havia aderido à luta armada e possuía extensa influência na sociedade civil e no sistema político. Tomando como referência a Resolução do Comitê Central que admitia o impacto destrutivo do AI-5 sobre o trabalho político do partido, a inteligência explicou os motivos pelos quais o decreto se tornou um instrumento indispensável para proporcionar segurança e viabilizar a institucionalização do regime. O AI-5 impediu a disseminação da contestação subversiva em três áreas sensíveis que provocavam desgastes do governo diante da opinião pública. O AI-5 impôs obediência ao Congresso, que fora em parte responsável pela crise de 1968 ao negar licença para cassar o deputado do Movimento Democrático Brasileiro (MDB) Márcio Moreira Alves, autor do discurso desonroso sobre as Forças Armadas. Além disso, o ato neutralizou os líderes da massa estudantil que tomaram as ruas em protestos contra a política educacional e exerceu controle rigoroso sobre a imprensa que compartilhava com suas matérias apoio aos movimentos de oposição. Segundo o documento do SNI: "O PCB foi profundamente atingido pelas medidas decorrentes do AI-5, em particular pelo processo do Congresso Nacional, pelas restrições à liberdade de imprensa e pela ação contra os líderes das agitações sociais"[68].

Na visão dos serviços de inteligência, predominava uma avaliação equivocada sobre as questões de segurança interna existentes no decorrer do governo Médici. Documento intitulado "Estimativas sobre o aumento ou diminuição das atividades subversivas", datado de 15 de maio de 1973, se contrapunha aos que conceituavam de "consenso geral" de que "a subversão é coisa do passado". A percepção da opinião pública também era alvo de críticas. Os órgãos de informações assinalavam que ela estava "convencida de que as mortes de Marighella, Lamarca e outros terroristas de menor expressão, bem como o banimento e prisão de subversivos, afastaram em definitivo a ameaça comunista no país". Incorriam nesse mesmo erro os setores militares. O texto da inteligência citou como evidência as palestras proferidas pelos oficiais de inteligência do SNI nas instituições militares que teriam ficado surpresos com o "vazio de conhecimentos dos

---

[68] Ministério da Aeronáutica. Centro de Informações da Aeronáutica. Informação n.º 874, 10 dez. 1970. Arquivo Nacional. Memórias Reveladas. Ministério da Justiça e Segurança Pública. Disponível em: http://imagem.sian.an.gov.br/acervo/derivadas/br_dfanbsb_v8/mic/gnc/aaa/71041388/br_dfanbsb_v8_mic_gnc_aaa_71041388_d0001de0002.pdf.

militares sobre as ações do Movimento Comunista Internacional em nosso país, suas formas de luta e o grau de infiltração em todos os setores da vida nacional". O fato de não mais ocorrerem passeatas e greves, assinala o documento do SNI, de não mais se falar em sequestros de aviões e de autoridades e até mesmo de assaltos a bancos, não permitia concluir que a subversão acabara. O texto do órgão assinala que o perigo não estava à vista, não residia em ações armadas. Ele estava

> [...] oculto, clandestino, levado pelos agentes de influência que, subliminarmente fazem um paciente trabalho de doutrinação nas escolas, nas fábricas, nos órgãos do poder público, nos órgãos de imprensa, nos meios artísticos e culturais e até mesmo nos púlpitos das igrejas.[69]

Da perspectiva dos serviços de inteligência, a luta em curso entre subversão e contrassubversão se dava principalmente no campo ideológico. Documento produzido pelo Cisa em 1973 e difundido pelo SNI para todo o sistema de inteligência argumentava que uma "avaliação das forças contendoras no início de uma guerra revolucionária" revelava uma "tremenda superioridade em fatores concretos a favor do contra-subversivo" que possuía:

> Reconhecimento diplomático; legitimidade dos poderes executivo, legislativo e judiciário; controle do governo e da polícia; recursos financeiros; recursos industriais e agrícolas no país, ou pronto acesso a eles no exterior; meios de transporte e de comunicações; uso e controle de veículos de informações e propaganda; domínio das forças armadas, e possibilidade de aumentar-lhes o efetivo.[70]

Em contrapartida, assinala o documento, a situação inverte-se no campo dos fatores intangíveis. O subversivo tem um capital formidável representado pela força ideológica de uma causa na qual baseia sua ação. A estratégia do rebelde visará converter esse capital intangível num capital

---

[69] Presidência da República. Serviço Nacional de Informações. Agência do Rio de Janeiro. Informação n.º 02416/73 SNI/ASP/1971. ARJ/SNI, 15 maio 1973. Arquivo Nacional. Memórias Reveladas. Disponível em: http://imagem.sian.an.gov.br/acervo/derivadas/br_dfanbsb_v8/mic/gnc/aaa/73065141/br_dfanbsb_v8_mic_gnc_aaa_73065141_d0001de0002.pdf.

[70] Presidência da República. Serviço Nacional de Informações. Agência Central. Documento de Informações n.º 0221/16/AC/73, 28 mar. 1973. Arquivo Nacional. Memórias Reveladas. Disponível em: http://imagem.sian.an.gov.br/acervo/derivadas/br_dfanbsb_v8/mic/gnc/kkk/82002363/br_dfanbsb_v8_mic_gnc_kkk_82002363_d0001de0001.pdf.

concreto[71]. O termo *concreto* designa no texto o conjunto de instituições e recursos das áreas políticas, sociais, econômicas e militares do país que fundamentavam as diversas expressões do poder nacional, conforme anunciava a Doutrina de Segurança Nacional.

Mais do que uma visão conjuntural sobre a capacidade de organizações revolucionárias e partidos de esquerda agirem contra o governo Médici, os serviços de inteligência possuíam uma posição de princípio que respaldava suas estimativas acerca da eterna ameaça comunista. Essa proposição pode ser evidenciada no documento produzido pelo Cenimar e difundido pelo SNI no ano de 1972. O Cenimar argumenta que "A subversão foi, é e sempre será uma constante entre os homens" e "se manifesta sempre em torno das instituições políticas, militares, sociais e econômicas de um determinado país", visando a sua "destruição no momento oportuno"[72]. Era o caso do Brasil, que foi colocado na posição de quem optara pelo capitalismo, de acordo com seus costumes, tradições e evolução histórica, como parte integrante das modernas nações ocidentais. Mesmo assim, assinala o documento, subsistem elementos associados às organizações políticas clandestinas que, impregnadas de ideologias importadas, seja da União Soviética, seja da China, de Cuba, persistem em subverter a ordem vigente. A neutralização dos elementos subversivos e de suas organizações políticas exigia uma permanente atualização do "conhecimento profundo e antecipado de suas pretensões táticas e estratégicas, bem como o reconhecimento de seus líderes e militantes"[73].

Um trabalho representativo da produção de conhecimento sobre o inimigo interno havia sido confeccionado pelo Cisa no ano de 1970 e encaminhado pelo SNI. Ele se intitula "Como eles agem II", citado anteriormente. O documento analisa a teoria do foco e investiga sua aplicação pelas seguintes organizações revolucionárias e partidos comunistas que atuariam no Brasil:

Sumário

Ação Popular (AP);

---

[71] *Ibidem.*

[72] Presidência da República. Serviço Nacional de Informações. Agência Central. Encaminhamento n.º 857/16/AC/72, 24 jul. 1972. Arquivo Nacional. Memórias Reveladas. Disponível em: http://imagem.sian.an.gov.br/acervo/derivadas/br_dfanbsb_v8/mic/gnc/aaa/72048318/br_dfanbsb_v8_mic_gnc_aaa_72048318_d0001de0002.pdf.

[73] *Ibidem.*

Aliança Libertadora Nacional (ALN);

Dissidência da Guanabara;

Forças Armadas de Libertação Nacional (FALN);

Fração Bolchevique Trotskista;

Movimento Revolucionário 8 de outubro (MR8);

Movimento Revolucionário Tiradentes (MRT);

Organização Político-Militar (OPM);

Organização Revolucionária Marxista Política-Operária;

Partido Comunista do Brasil (PcdoB);

Partido Comunista Brasileiro (PCB);

Partido Comunista Brasileiro Revolucionário (PCBR);

Partido Operário Comunista (POC);

Partido Revolucionário do Proletariado (PRP);

Resistência Nacional Democrática Popular (REDE);

Vanguarda Armada Revolucionária Palmares (VAR-Palmares);

Vanguarda Popular Revolucionária.[74]

O documento apresenta uma ampla variedade de informações sobre o histórico das organizações e partidos de esquerda, as concepções doutrinárias, estruturas de funcionamento, linhas de ação política, modos de operação, áreas de atuação, ações praticadas e as formas de articulação com as forças de esquerda nacionais e com comunismo internacional. As estimativas produzidas pela inteligência sobre a capacidade de ação da ALN e VPR, as duas principais organizações adeptas da luta armada, representam um claro prenúncio do desfecho da estratégia de luta armada

---

[74] Presidência da República. Serviço Nacional de Informações. Agência Central, 022779, 15 dez. 1970. Arquivo Nacional. Memórias Reveladas. Disponível em: http://imagem.sian.an.gov.br/acervo/derivadas/br_dfanbsb_v8/mic/gnc/aaa/71041388/br_dfanbsb_v8_mic_gnc_aaa_71041388_d0001de0002.pdf.

no Brasil. O documento "Como eles agem II" é contundente na avaliação sobre a ALN: "Praticamente extinta ou temporariamente paralisada, pela ausência de uma cabeça pensante, fato observado após a morte de Marighella..."[75] Semelhante diagnóstico incide sobre a VPR:

> Com essas prisões, na cidade e no campo, a VPR perdeu, praticamente, sua capacidade operacional, não lhe restando outra alternativa que a realização de uma ação de sequestro, como ocorreu, visando a liberdade de seus militantes presos[76].

Em contrapartida, a estimativa apresentada pela inteligência sobre a capacidade de atuação do PCB sinalizava para a fase da luta política que o partido pretendia promover com base na mobilização das organizações da sociedade civil. Apoiado na Resolução do Comitê Central, o documento do Cisa "Como eles agem II" trouxe a seguinte avaliação: uma vez que o AI-5 retirou as condições para o PCB coordenar ao nível nacional uma ação conjunta no plano institucional contra o governo,

> Toda ênfase passará a ser dada ao movimento de massa baseada em torno de justas reivindicações, segundo o desmascarado sistema de aproveitamento dos inocentes-úteis, vinculados às organizações nacionais de frente[77].

Esse prognóstico seria confirmado no documento da Agência de Belo Horizonte do SNI, datado de maio de 1973, intitulado "Estimativa do aumento ou diminuição das atividades subversivas". O serviço de inteligência se utiliza de métodos comparativos de análise e assinala que as atividades dos "grupos subversivos militaristas se restringiram a simples contatos ou a uma tímida estrutura, incapazes de pôr em prática as diretrizes centrais". O documento afirma ainda que

> [...] as ações dos órgãos de segurança e informações fizeram com que restassem apenas a possibilidade de ação dos grupos de orientação "massista", principalmente o PCB e AP, especialmente nos meios universitário e sindical.

---

[75] *Ibidem.*

[76] *Ibidem.*

[77] *Ibidem.*

O texto conclui que "a formação de uma consciência que reconduza o movimento estudantil ao 'status' de 1968 é a meta dos grupos defensores de uma linha de massa"[78].

As estimativas produzidas no governo Médici projetaram o reposicionamento estratégico dos serviços de inteligência para o governo seguinte, tendo em vista os possíveis desdobramentos futuros dos cenários conjunturais. Se entre 1968 e 1973 o foco recaiu sobre as organizações clandestinas de esquerda que praticavam ações armadas, a partir de 1974 a repressão se direcionaria igualmente sobre todas as organizações clandestinas de esquerda, inclusive as que abandonaram a luta armada e passaram a valorizar a atuação no campo institucional. Todavia, um dos alvos de maior preferência passou a ser o PCB, que não assumira anteriormente a luta armada e preservara sua estrutura organizatória e capacidade de ação e influência política na sociedade. Se o PCB adotou a via pacífica para derrubar o regime, isso se deu em função das circunstâncias políticas e da falta de consciência das massas. Afinal de contas, argumentava o Relatório Especial de Informações produzido pelo DOI-Codi do II Exército, o partido também propunha a revolução das estruturas sociais, que poderia ocorrer de forma violenta. Dessa forma, os órgãos de informações justificavam para o próximo governo a continuidade das políticas de segurança e a preservação das estruturas repressivas[79]. A derrota da estratégia de luta armada promovida pelas organizações revolucionárias não significaria o fim da violência praticada pelos serviços de inteligência, tampouco o fim da política de extermínio adotada pelo Estado contra militantes oposicionistas.

---

[78] Presidência da República. Serviço Nacional de Informações. Agência de Belo Horizonte. Estimativa sobre o aumento ou diminuição das atividades subversivas, 15 maio 1973. Arquivo Nacional. Memórias Reveladas. Disponível em: http://imagem.sian.an.gov.br/acervo/derivadas/br_dfanbsb_v8/mic/gnc/aaa/73065125/br_dfanbsb_v8_mic_gnc_aaa_73065125_d0001de0002.pdf.

[79] BRASIL. Ministério da Justiça e Segurança Pública. Ministério do Exército. Relatório Especial de Informações. DOI-Codi do II Exército, 1976. Arquivo Nacional. Memórias Reveladas. Disponível em: http://imagem.sian.an.gov.br/acervo/derivadas/BR_DFANBSB_V8/MIC/GNC/AAA/76095104/BR_DFANBSB_V8_MIC_GNC_AAA_76095104_d0001de0002.pdf.

Capítulo III

GOVERNO DA INTELIGÊNCIA MILITAR

O que foi o governo Médici do ponto de vista da segurança do Estado? Foi o resultado da articulação entre os dirigentes militares da cúpula do regime e os órgãos de informações que executavam operações sob os princípios da inteligência militar. Governo e sistema de inteligência constituíram uma unidade institucional. Apagaram-se as fronteiras entre os serviços de inteligência e o governo que incorporou a função de polícia política e cuja prioridade era legitimar a estratégia de eliminação do inimigo interno sem nenhum limite às práticas de violência contra os direitos individuais. Deveríamos chamá-lo de governo da inteligência militar, tal a submissão à força simbólica e onipresente que a comunidade de informações representava. Houve o total compartilhamento dos objetivos de segurança interna entre o triunvirato de generais comprometidos com o fortalecimento da estrutura de informações. Fizeram parte desse arranjo coercitivo o presidente Médici, ex-chefe do SNI; o general Carlos Alberto da Fontoura, chefe do SNI; e o general Orlando Geisel, ministro do Exército e máxima autoridade da corporação sob a qual atuou o sistema DOI-Codi. Orlando Geisel foi um dos oficiais que, na reunião do Conselho de Segurança Nacional em agosto de 1968, quando era chefe do Estado-Maior das Forças Armadas, compartilhou a proposta do general Médici de criação do Sisni. Como um dos componentes essenciais da política governamental, o general Orlando Geisel propôs:

> 2.5 No Sistema Nacional de Informações. Estruturação e dinamização do Sistema Nacional de Informações, visando, em particular, ao adequado acompanhamento e aperfeiçoamento da execução da política governamental[80].

---

[80] Presidência da República. Conselho de Segurança Nacional. Secretaria-Geral. Ata da quadragésima segunda sessão do Conselho de Segurança Nacional. Brasília, 26 ago. 1968, p. 50. Arquivo Nacional. Memórias Reveladas. Disponível em: http://imagem.sian.an.gov.br/acervo/derivadas/br_dfanbsb_n8/0/ata/0004/0002_f_039_070/br_dfanbsb_n8_0_ata_0004_0002_f_039_070_d0001de0001.pdf.

Durante o governo Médici, houve total subordinação da linha política adotada pelo presidente em relação às estimativas produzidas pelos serviços de inteligência sobre questões de segurança interna. Desde o início do governo, as estimativas apontavam para a expansão e generalização da guerra revolucionária no país, o que demandava redefinições no modo como agiam e se estruturavam os órgãos de informações. Documento do SNI de janeiro de 1969 é esclarecedor.

> Do estudo dos fatos que antecederam a edição do AI-5 e, principalmente, dos que o sucederam, chega-se à conclusão de estar em pleno desenvolvimento um processo subversivo violento, destinado à derrubada do Governo e à modificação do atual regime.
>
> A persistir a atual situação, é de prever-se a eclosão de guerrilhas urbanas e rurais; a atuação mais violenta em atos de terrorismo; a criação de "bases" e "zonas liberadas", particularmente em regiões elevadas e no interior; a concretização de ataques de surpresa e golpes de mão em organizações militares e pontos críticos.
>
> Do exposto, conclui-se que há uma acentuada evolução no processo subversivo, particularmente no que se refere a assaltos, atentados, atos de terrorismo, propiciado sobretudo pela falta de coordenação dos organismos responsáveis pela segurança e repressão dessas ações.[81]

Permaneceram constantes as pressões ideológicas para que o governo intensificasse as medidas repressivas, mesmo após surgirem consistentes indícios de que os grupos de esquerda estavam em processo de desestruturação e perdiam a capacidade político-militar de conduzir guerra revolucionária, sobretudo no meio urbano. Uma clara evidência das investidas do SNI no domínio governamental se encontra no ofício reservado produzido pelo SNI em 1972 e encaminhado ao Ministério da Justiça sobre a escalada de assaltos a bancos praticados, segundo o texto, pelas organizações revolucionárias e delinquentes comuns. O documento aborda os possíveis efeitos negativos sobre a legitimidade do governo

---

[81] Presidência da República. Serviço Nacional de Informações. Informação n.º 056/SNI/ARJ/1969. (SS16/031), 4 fev. Arquivo Nacional. Memórias Reveladas. Disponível em: http://imagem.sian.an.gov.br/acervo/derivadas/br_dfanbsb_aaj/0/ipm/0911/br_dfanbsb_aaj_0_ipm_0911_d0001de0001.pdf.

diante da crescente insegurança surgida com "incontáveis assaltos à mão armada, constantemente agravados com assassinatos de pessoas indefesas, completam o quadro da ansiosa expectativa das populações indefesas". Reitera que "O povo se sente desprotegido e não mais acredita na ação dos governos Federal e Estaduais em prol da proteção a que tem direito, no seu sentido mais lato". Em seguida propõe:

> Sugestões para a adoção de medidas de segurança mais condizentes com as diferentes modalidades de ação dos delinquentes comuns e subversivos.
>
> Em primeiro lugar, parece lógico, senão mesmo imperativo, considerar as medidas de segurança de âmbito nacional, isto é, da alçada do governo Federal em estreita conjugação de esforços com os governos Estaduais e Municipais. Impõe-se, destarte, a criação de uma Unidade de Comando/ e, "ipso facto", uma programação de medidas preventivas e repressivas padronizadas, até certo ponto, de vez que se impõe levar em consideração as condições próprias do meio em que deverão ser aplicadas.
>
> Algumas medidas arrojadas devem, pois, ser tomadas prontamente pelos governos Federal e Estaduais, em ação conjugada, para que a confiança se restabeleça perante as populações dos grandes centros populosos do País e que os delinquentes de quaisquer origens sintam esmorecer o seu "animus belli" em face da ação psicológica que as referidas, venham a produzir em suas mentes doentias.
>
> A opinião pública também se beneficiara com tais medidas a serem tomadas pelo governo, de vez que estas anularão o temor de revide sanguinário dos delinquentes foragidos das prisões, foragidos das prisões, principalmente contra as testemunhas arroladas nos processos e seus familiares.[82]

Incontáveis documentos produzidos pela inteligência circularam pelos centros de poder e tinham um ponto em comum em suas previsões. As organizações revolucionárias e partidos de esquerda adeptos da luta armada procederam um recuo tático diante das forças de repressão, de

---

[82] Presidência da República. Serviço Nacional de Informações. Gabinete. Ofício n.º SI/GAB. Brasília, 15 set. 1972. Arquivo Nacional. Memórias Reveladas. Disponível em: http://imagem.sian.an.gov.br/acervo/derivadas/br_rjanrio_tt/0/mcp/pro/0276/br_rjanrio_tt_0_mcp_pro_0276_d0001de0001.pdf.

modo que pudessem se reestruturar e retomar as ações subversivas com mudanças quanto à aplicação da linha de atuação política.

> É verdade que há cerca de um ano as organizações terroristas se retiraram do cenário nacional, o que de certa forma beneficiou a imagem interna da Revolução de 1964, apesar de externamente continuar o esforço no sentido de denegrir a imagem brasileira.

> Se por um lado tal situação foi benéfica, se se considerar alguns aspectos do desenvolvimento da nação, por outro, a ausência das manchetes focalizando grandes ações terroristas, deu à população uma falsa conclusão de que o problema está superado. Ora, como jamais a ideologia comunista deixou esmorecer seus ideais expansionistas, é certo que as organizações esquerdistas passam por uma fase de reestruturação, e sua presença já se faz sentir, não mais através doa sequestros, mas sim por vias indiretas, desenvolvidas segundo cuidadoso plano de recrutamento e infiltração, em perfeita sintonia com os preceitos doutrinários da linha política de tomada do poder por métodos pacíficos.[83]

A luta política ainda em curso travada contra os comunistas para assegurar o regime indicava que não se podia "subestimar as organizações terroristas, ainda que elas estejam atravessando esse período de grandes dificuldades". Em contrapartida, reafirmava a inteligência, foi devido a "vigilância policial e a ação psicológica desenvolvida pelos órgãos do Governo"[84] que estas organizações sofreram pesadas derrotas. As evidências produzidas fundamentavam o posicionamento que exigia do governo a continuidade das medidas adotadas de segurança interna, pois, segundo a inteligência, as esquerdas adeptas da luta armada "são mais facilmente neutralizadas, como vem ocorrendo, mercê de um trabalho altamente eficiente dos Órgãos de Segurança e Informações"[85].

---

[83] Presidência da República. Agência do Rio de Janeiro. Informação n.º 041116/73/ARJ/SNI. Rio de Janeiro, 31 jul. 1973. Arquivo Nacional. Memórias Reveladas. Disponível em: http://imagem.sian.an.gov.br/acervo/derivadas/br_dfanbsb_v8/mic/gnc/aaa/73061922/br_dfanbsb_v8_mic_gnc_aaa_73061922_d0001de0001.pdf.

[84] Ministério das Minas e Energia. Divisão de Segurança e Informações. Documento de Informações n.º 33/253/73/DSI/MME, 6 jun. 1973. Arquivo Nacional. Memórias Reveladas. Disponível em: http://imagem.sian.an.gov.br/acervo/derivadas/br_dfanbsb_v8/mic/gnc/aaa/73061916/br_dfanbsb_v8_mic_gnc_aaa_73061916_d0001de0001.pdf.

[85] Presidência da República. Agência do Rio de Janeiro. Informação n.º 02416/73/ARJ/SNI. Rio de Janeiro, 15 maio 1973. Arquivo Nacional. Memórias Reveladas. Disponível em: http://imagem.sian.an.gov.br/acervo/derivadas/br_dfanbsb_v8/mic/gnc/aaa/73065141/br_dfanbsb_v8_mic_gnc_aaa_73065141_d0001de0002.pdf.

A inteligência clamava, por meio de suas comunicações, que a guerra revolucionária se mantivesse como prioridade da agenda governamental, e é com base nessa constatação que poderemos compreender seus reflexos no plano institucional. Diferentemente dos governos anteriores, Médici não se precipitou em nenhum momento em alimentar expectativas quanto à possibilidade de liberalização do regime. Pelo contrário, o governo é caracterizado por uma sucessão de medidas que promoveram a escalada de violência no campo das regras do jogo político, como nas eleições de 1970. Além de promover alterações nas regras eleitorais[86] a fim de fortalecer a Aliança Renovadora Nacional (Arena), partido que contava com maioria no Congresso Nacional, o governo desencadeou a chamada "Operação Gaiola", uma blitz policial e militar que alcançou, nos dias que antecederam o pleito, as grandes cidades e prendeu milhares de pessoas, entre elas muitos candidatos do MDB. Justificou o ato repressivo na necessidade de conter a deflagração de uma operação guerrilheira, com sequestros e ataques militares para prejudicar a realização das eleições[87]. Esse quadro repetiu-se nas eleições municipais de 1972. O discurso da ameaça subversiva, com ênfase na guerrilha rural no Araguaia, foi acompanhado pelo recrudescimento da censura estatal e intimidações sobre o MDB, além de mudanças nas regras eleitorais. Prevendo a derrota em importantes estados, o governo promoveu uma emenda constitucional que tornava as eleições para governadores indiretas em 1974 e adiava o pleito direto para 1978[88].

Na condição de autoridade presidencial, Médici defendeu enfaticamente a institucionalização do AI-5 e conferiu legitimidade ao modelo político no qual a inteligência militar dava a palavra final. Esse posicionamento foi expresso publicamente pelo presidente na aula inaugural na ESG, em março de 1970. Proferido logo após a comunicação dos êxitos da Oban sobre a esquerda armada, o discurso exaltou os "agentes injustiçados de segurança que enfrentavam o perigo aberto da contestação"

---

[86] O número de cadeiras na Câmara dos Deputados foi reduzido e a base de cálculo da representação parlamentar por estado passou a ser pelo número de eleitores registrados, e não pelo total da população. Para impedir que as discussões das questões nacionais influenciassem os problemas locais e vice-versa, o governo desvinculou as datas das eleições municipais das datas das eleições legislativas. SKIDMORE, Thomas. *Brasil*: de Castelo a Tancredo (1964 – 1985). Rio de Janeiro: Paz e Terra, 1988. p. 226.

[87] *Ibidem*, p. 226.

[88] *Ibidem*, p. 297.

e afirmou que, no atendimento da tranquilidade, "até que esteja seguro de que o terrorismo não mais perturba o esforço nacional pelo desenvolvimento", usaria "em plenitude os poderes que a Constituição colocara em suas mãos"[89]. Os poderes colocados à disposição de Médici eram bem superiores aos dos presidentes anteriores. A ordem institucional, com o AI-5, sobrepunha-se à ordem constitucional de 1967, modificada e outorgada pela Emenda Constitucional n.º 1, de outubro de 1969, que previa uma ditadura aberta do Executivo sobre o Legislativo. Ela eliminou os elementos liberais da Carta, incorporou partes do AI-5 ao texto constitucional[90] e, portanto, ampliou os poderes de exceção do Estado. Além do já existente instrumento do estado de sítio, criou-se o estado de emergência, pensado por Castelo Branco[91]. Assim, a emenda de 1969 deu prioridade às questões de segurança nacional[92] e, desse modo, acionou os mecanismos do aparato repressivo comandados pela inteligência militar, exigindo um maior comprometimento das Forças Armadas com as ações de controle da ordem social e política.

Os poderes de que dispunha o presidente Médici foram utilizados para proporcionar recursos materiais e condições institucionais necessárias para a ampliação das ações da inteligência militar. Ao representante maior da estrutura governamental, o presidente Médici, coube autorizar os projetos de reorganização dos sistemas de vigilância do Estado que operavam articulados sob os princípios da inteligência militar. Criado conforme uma diretriz do presidente Médici em meados do ano de 1970, o Sistema DOI-Codi executou operações sob a autoridade dos dirigentes militares, sobretudo a do general Orlando Geisel, ministro do Exército. Sob a responsabilidade do general Carlos Alberto Fontoura, ocorreu a integração do sistema de inteligência que foi estruturado também em meados de 1970 e oficialmente denominado de Sistema Nacional de Informações, sob a coordenação do SNI.

Os dois sistemas de inteligência atuaram no rastro da legalidade do AI-5 que deu suporte jurídico para enfrentar o que os dirigentes denomi-

---

[89] MÉDICI convoca todos para construir um país livre. *Jornal do Brasil*, 11 mar. 1970, p. 5. Ver: Aula inaugural pronunciada pelo presidente Médici na ESG, 10 mar. 1970, p. 14-15.

[90] ALVES, Maria Helena Moreira. *Estado e oposição no Brasil (1964-1984)*. Petrópolis: Vozes, 1989. p. 159.

[91] IGLÉSIAS, Francisco. *Constituintes e Constituições brasileiras*. São Paulo: Brasiliense, 1985. p. 82.

[92] BORGES, 2003.

navam de guerra revolucionária subversiva. Consoante a essa estratégia, o regime institucionalizou no âmbito governamental a ampla estrutura de inteligência coordenada pelo SNI. Por meio do decreto presidencial, Médici regulamentou as DSIs em cada ministério civil. Embora tenham sido criadas em 1967, as DSIs consolidaram suas atividades no governo Médici. As DSIs foram o desdobramento dos efeitos provocados pelo recrudescimento ideológico e decretação do AI-5 que levaram os serviços de inteligência a expandirem sua atuação sobre instituições da sociedade e exercerem um controle mais rigoroso sobre os próprios aparelhos do Estado.

As DSIs constituíram um tipo de órgão de informações em escala reduzida, cujo papel era restrito ao âmbito ministerial. Eram uma extensão da estrutura do sistema de inteligência presente em cada ministério civil. Por meio de decreto de maio de 1970, o presidente Médici regulamentou as DSIs[93], que substituíram as antigas Seções de Segurança e Informações criadas em 1946. Como órgãos complementares do Conselho de Segurança Nacional, as Divisões de Segurança e Informações dos Ministérios Civis ficaram subordinadas diretamente aos respectivos ministros de Estado e mantinham estreita colaboração com a Secretaria-Geral do Conselho de Segurança Nacional e com o Serviço Nacional de Informações. Via DSIs, os ministérios civis e os órgãos de Administração Direta e Indireta a eles vinculados integraram o Sisni[94].

O regulamento das DSIs estabelecia que sua função principal era produzir informações de modo que suprissem não só as necessidades dos ministros nas tomadas de decisões, como também atendessem as solicitações do SNI, tendo em vista as determinações do Plano Nacional de Informações. Como integrante da Comunidade Setorial de Informações de cada ministério civil, as DSIs coletavam os dados necessários aos estudos e planejamentos relativos à Segurança Nacional como também executavam tarefas atribuídas pelos respectivos ministros de Estado. Cabia ainda

---

[93] O decreto de Costa e Silva de julho de 1967 transformou em Divisão de Segurança e Informações as Seções de Segurança Nacional a que se referem os Decretos-Lei n.º 9.775 e 9.775 A, ambos de 6 de setembro de 1946. Conjunto de documentos sem classificação de sigilo. DSI e ASI. Estudo. Arquivo Nacional. Memórias Reveladas. Disponível em: http://imagem.sian.an.gov.br/acervo/derivadas/br_dfanbsb_v8/txt/agr/nre/0096/br_dfanbsb_v8_txt_agr_nre_0096_d0001de0001.pdf.

[94] Conjunto de documentos sem classificação de sigilo. DSI e ASI. Estudo. Arquivo Nacional. Memórias Reveladas. Disponível em: http://imagem.sian.an.gov.br/acervo/derivadas/br_dfanbsb_v8/txt/agr/nre/0096/br_dfanbsb_v8_txt_agr_nre_0096_d0001de0001.pdf.

coordenar e supervisionar as atividades de Contrainformação na área do ministério. Segundo as normas, as DSIs não poderiam receber encargos policiais fora do quadro de Contrainformação[95]. Conforme a entrevista concedida pelo tenente-coronel Ivan Pontes Laydner, agente do SNI que ocupou um cargo na DSI do Ministério da Justiça, as DSIs tinham uma dupla subordinação: administrativamente, subordinavam-se ao ministro; tecnicamente, ao SNI[96].

Elemento central na coordenação dos trabalhos da DSI, o diretor mantinha estreita ligação com os órgãos de administração direta, com os órgãos da administração indireta, vinculados aos respectivos ministérios e com os órgãos sob supervisão ministerial. O regulamento determinava que todos os órgãos da administração direta e indireta, subordinados ou vinculados a cada um dos ministérios, bem como aqueles sob a supervisão dos mesmos ministérios, eram obrigados a fornecer às DSIs respectivas, dados, informações e esclarecimentos que lhes fossem solicitados. Além de despachar com o ministro, o diretor da DSI difundia informações em conformidade com as diretrizes do ministro de Estado e as prescrições contidas no Plano Nacional de Informações (PNI). Civis ou militares, os diretores das Divisões de Segurança e Informações eram nomeados por decreto, mediante indicação dos respectivos ministros de Estado. De acordo com o regulamento, o diretor deveria possuir um diploma da Escola Superior de Guerra, de preferência do seu Curso de Informações.

As DSIs dos ministérios civis produziam relatórios e informes que abordavam dois ambientes concomitantemente: o interno, onde a maior parte das informações era relacionada a irregularidades administrativas e infiltração comunista, para usar a expressão corrente. Semelhante ao formato de um fichamento policial, esses informes continham uma ampla diversidade de dados sobre indivíduos acusados de práticas de subversão e corrupção. Quando focavam o ambiente externo, os relatórios das DSIs produziam informações sobre acontecimentos na sociedade, mais particularmente sobre ações promovidas pelas organizações revolucionárias

---

[95] Conjunto de documentos sem classificação de sigilo. DSI e ASI. Estudo. Arquivo Nacional. Memórias Reveladas. Disponível em: http://imagem.sian.an.gov.br/acervo/derivadas/br_dfanbsb_v8/txt/agr/nre/0096/br_dfanbsb_v8_txt_agr_nre_0096_d0001de0001.pdf.

[96] MOTTA, Aricildes de Moraes (coord.). *1964 – 31 de março*: o movimento revolucionário e a sua história. Rio de Janeiro: Biblioteca do Exército Editora, 2003. p. 308.

e partidos de esquerda. Na concepção da inteligência, não havia como dissociar os dois espaços sociais. Evidências de contestações na sociedade sugeriam a necessidade de vigilância interna a fim de impedir a infiltração de elementos subversivos dispostos a criar óbices e paralisar a máquina pública. Entre os incontáveis exemplos, citemos um caso registrado no informe da DSI do Ministério da Fazenda de outubro de 1973 e endereçado para a Agência Central do SNI. O assunto diz respeito à locação no órgão ministerial de uma profissional suspeita de ser simpática às ações de luta armada da esquerda. O texto cita a servidora Iramaya de Queiroz Benjamim, "mãe dos terroristas Cid e Cesar de Queiroz Benjamim, conhecida por suas convicções ideológicas comunistas e responsável pela doutrinação dos filhos, bem como pelo envolvimento dos mesmos em grupos terroristas". O documento informa que Iramaya era funcionária do Ministério da Fazenda e a possível transferência para o setor da Alfândega causava apreensão aos órgãos de segurança do estado da Guanabara. Interessa chamar atenção para o fato de que a DSI do Ministério da Fazenda[97] respondia a uma solicitação do SNI[98], que, por sua vez, respondia a um pedido de informações do CIE[99]. Militantes do MR8, Cid e Cesar Benjamim haviam participado do sequestro do embaixador americano em setembro de 1969 e Iramaya Benjamim se tornaria a fundadora do Comitê Brasileiro pela anistia em 1978.

Militantes políticos de conhecimento público, os integrantes da família Benjamim nos servem como exemplo para explicar por que a inteligência militar exigia rigorosa vigilância sobre a administração pública civil. Com os casos de supostas infiltrações comunistas, consideradas uma das formas de manifestação da guerra revolucionária, segundo os dirigentes, a inteligência apresentava evidências da fragilidade da administração pública e, ao mesmo tempo, reforçava a necessidade da presença

---

[97] Ministério da Fazenda. Divisão de Segurança e Informações. Relatório Mensal n.º 647/71, 14 nov. 1973. Arquivo Nacional. Memórias Reveladas. Disponível em: http://imagem.sian.an.gov.br/acervo/derivadas/br_dfanbsb_v8/mic/gnc/aaa/73065808/br_dfanbsb_v8_mic_gnc_aaa_73065808_d0001de0001.pdf.

[98] Presidência da República. Serviço Nacional de Informações. Agência Central. Documento de Informações n.º 0632/10/73. Arquivo Nacional. Memórias Reveladas. Disponível em: http://imagem.sian.an.gov.br/acervo/derivadas/br_dfanbsb_v8/mic/gnc/aaa/73065808/br_dfanbsb_v8_mic_gnc_aaa_73065808_d0001de0001.pdf.

[99] Ministério do Exército. Gabinete do Ministro. CIE. Informação n.º 1122/S-102-S2-CIE. Brasília, 5 out. 1973. Arquivo Nacional Memórias Reveladas. Disponível em: http://imagem.sian.an.gov.br/acervo/derivadas/br_dfanbsb_v8/mic/gnc/aaa/73065808/br_dfanbsb_v8_mic_gnc_aaa_73065808_d0001de0001.pdf.

militar, além do constante monitoramento por parte dos organismos responsáveis pela segurança interna, do qual faziam parte as DSIs. No documento intitulado "Teoria e prática da contra-rebelião", datado de 1973, o Cisa argumenta que, "Por mais desenvolvida [...] a administração pública em tempo de paz, ela jamais estará preparada para as exigências de uma contra-subversão". O Cisa explica que era imenso o número de pessoal necessário para realizar essas tarefas nas vilas, distritos e cidades. Assim, segue o texto, "só as Forças Armadas podem fornecer esse pessoal com rapidez exigida". Identificar, prender e interrogar os agentes políticos dos subversivos e julgá-los é, segundo o Cisa, tarefa policial e judicial[100].

Além de compartilhar o conjunto de dados de natureza pessoal, política e administrativa que faziam parte do ambiente ministerial, as DSIs investiram intensamente na produção de informações sobre atividades consideradas subversivas que ocorriam na sociedade. Os relatórios eram encaminhados para a Agência Central do SNI como contribuição ao Plano Nacional de Informações. Para realizar essa tarefa, cada DSI reelaborava o formato e conteúdo dos documentos da inteligência militar sobre ações das organizações revolucionárias e partidos de esquerda que caracterizavam evidências de um quadro de ameaça interna. Como parte integrante do Sisni, as DSIs recebiam documentos de inteligência que circulavam entre os órgãos de informações. As DSIs desempenharam as funções de um órgão de espionagem sobre os próprios ministérios e, ao mesmo tempo, serviram de instrumento de difusão de ocorrências a respeito das ações antissubverssivas. Os informes convergiam para um ponto em comum. A guerra revolucionária estava sendo vencida dada a eficiência dos órgãos de informações, fosse no campo da produção de conhecimento, fosse por meio das operações antissubverssivas para neutralizar os inimigos internos que permaneciam agindo.

O abundante fluxo de informações sobre atividades subversivas tanto no âmbito interno como externo aos ministérios sugeria a existência de um poder onipresente que ocupava todos os espaços sociais, tinha amplo conhecimento das ações do inimigo e exercia total controle político

---

[100] Ministério da Aeronáutica. Gabinete do Ministro. Cisa Teoria e Prática da Contra-Rebelião. Arquivo Nacional. Memórias Reveladas, 21 mar. 1973. Disponível em: http://imagem.sian.an.gov.br/acervo/derivadas/br_dfanbsb_v8/mic/gnc/aaa/73054940/br_dfanbsb_v8_mic_gnc_aaa_73054940_d0001de0001.pdf.

sobre a nação. Essa percepção é transmitida pelo oficial de inteligência, o tenente-coronel Ivan Pontes Laydner, para quem as DSIs eram órgãos lotados por pessoal do SNI e por meio dele a "gente tinha conhecimento real de tudo que se passava no País através dos ministérios"[101]. Ilustra essa observação o relatório da DSI do Ministério da Saúde reproduzido dos documentos dos serviços de inteligência. Ele discorre sobre a evolução das ações das organizações revolucionárias e as operações realizadas pelas forças de repressão. Produzido em meados do ano de 1970 e endereçado à Agência Central do SNI, o documento contém 19 páginas e a parte final é dedicada às atividades subversivas externas ao ministério. Informa que organizações revolucionárias de Guanabara e São Paulo, depois de vários atentados que culminaram com o assassinato do capitão Chandler e com os sequestros dos embaixadores norte-americano e alemão, começaram a sofrer grandes e seguidas derrotas. Anuncia que os agentes de segurança do Rio, São Paulo, Minas Gerais e do Sul do país estavam demolindo sistemática e silenciosamente os grupos adeptos da guerrilha urbana. Em função desses fatores, explica o documento, as organizações e partidos de esquerda passaram a atuar no Nordeste na expectativa de que a repressão fosse menos organizada. Cita como exemplo a tentativa de sequestro de um cônsul norte-americano em Recife, que foi impedido pelas autoridades pernambucanas, quando conseguiram apreender a relação nominal de 40 militantes presos, cuja libertação seria exigida como resgate do diplomata. O documento cita os nomes dos militantes que seriam os executores do sequestro do diplomata. Em seguida lista os nomes das organizações revolucionárias e partidos de esquerda alvos das ações dos serviços de inteligência: PC, Partido Comunista; PCBR, Partido Comunista Brasileiro Revolucionário; PCR, Partido Comunista Revolucionário; VAR-Palmares; POC, Partido Operário Comunista; e Port, Partido Operário Revolucionário Trotskista[102].

Muitos dos eventos citados na DSI do Ministério da Saúde relacionados às organizações revolucionárias e partidos comunistas se encontram no Relatório Periódico do SNI, como os que foram publicados nos anos

---

[101] MOTTA, 2003, p. 308.

[102] Ministério da Saúde. Divisão de Segurança e Informações. Relatório Mensal n.º 35/70, Período: 31 ago. a 4 set. 1970. Arquivo Nacional. Memórias Reveladas. Disponível em: http://imagem.sian.an.gov.br/acervo/derivadas/br_dfanbsb_v8/mic/gnc/aaa/70028850/br_dfanbsb_v8_mic_gnc_aaa_70028850_d0001de0001.pdf.

de 1970 e 1971[103]. Com efeito, informações das DSIs sobre ocorrências na sociedade classificadas como atividades subversivas eram extraídas dos documentos do sistema de inteligência militar. Essa prática era empregada por todas as DSIs, como foi no caso do Ministério da Cultura. O órgão resgatou informações da inteligência militar sobre distribuição de panfletos na Universidade Federal do Rio de Janeiro (UFRJ) e Universidade Federal da Bahia (Ufba) que se intitulavam "A classe operária" e "Alvorada", confeccionados, respectivamente, pelo PCB e PCdoB. Endereçado à Agência Central do SNI, o informe cita os documentos encontrados pelo Codi/6, por ocasião do desbaratamento de um aparelho de imprensa do PCdoB, em Salvador, comprovando a vinculação da Diretoria do D.A. Rui Barbosa, da Faculdade de Direito da Ufba, à estrutura organizacional do PCdoB. Afirma ainda que as irregularidades existentes na Ufba estavam em processamento por esta DSI (conforme Ref. Informação n.º 0941-Cenimar, de 14 dez. 1972), com difusão para a Agência Central[104].

A DSI do Ministério da Justiça nos fornece três documentos emblemáticos sobre a prática de repassar informações da inteligência militar. Eles foram produzidos no ano de 1973 e se utilizam dos termos e títulos normalmente empregados pelos órgãos de informações. Eles abordam as "Estimativas sobre o aumento ou diminuição das atividades subversivas", a infiltração comunista na sociedade e relatam sobre as táticas das organizações revolucionárias. Originalmente produzido pelo Cenimar e serviços secretos do Exército, as informações foram repassadas para os órgãos do sistema de inteligência e endereçada para a Agência Central do SNI. O primeiro documento mostra a atuação e influência do PCdoB em diversas regiões do país, bem como a sua estrutura orgânica. Anuncia a participação do PCdoB em ações de guerrilha rural. Cita que a maior preocupação dos órgãos de informações residia na região nordestina e, em especial, no

---

[103] Presidência da República. Serviço Nacional de Informações. Agência Central. Relatório Periódico de Informação, jan./dez. 1970. Arquivo Nacional. Memórias Reveladas. Disponível em: http://imagem.sian.an.gov.br/acervo/derivadas/br_dfanbsb_v8/mic/gnc/eee/82010572/br_dfanbsb_v8_mic_gnc_eee_82010572_d0001de0002.pdf. Presidência da República. Serviço Nacional de Informações. Agência Central. Relatório Periódico de Informação, jan./dez. 1970. Arquivo Nacional. Memórias Reveladas. Disponível em: http://imagem.sian.an.gov.br/acervo/derivadas/br_dfanbsb_v8/mic/gnc/eee/82011007/br_dfanbsb_v8_mic_gnc_eee_82011007_d0001de0001.pdf.

[104] Ministério da Educação e Cultura. Divisão de Segurança e Informações. Informação MEC n.º 30/72/DSI/MEC, 29 set. 1972. Arquivo Nacional. Memórias Reveladas. Disponível em: http://imagem.sian.an.gov.br/acervo/derivadas/br_dfanbsb_v8/mic/gnc/aaa/73054268/br_dfanbsb_v8_mic_gnc_aaa_73054268_d0001de0001.pdf.

sul do estado do Pará, em Marabá, onde grupos guerrilheiros atuavam, efetivamente, contra as tropas do Exército enviadas ao local para combater a subversão comunista. O informe solicita que sejam feitos trabalhos preventivos e imediata comunicação sobre casos comprovados da atuação do PCdoB em todo o território nacional e com incidência preferencial no setor estudantil[105]. O segundo documento observa que a infiltração comunista tem incidido principalmente sobre o setor estudantil, abrangendo o corpo docente e o discente. Aborda os métodos marxistas leninistas de ação subversiva nos meios estudantis, universitário e pré-universitário, de acordo com as diretrizes do movimento comunista internacional. Com base em dados extraídos do Relatório Especial de Informação n.º 3/1973 do COM, 11ª RM, cita as prisões de jovens na Universidade de Brasília que estariam vinculados aos grupos de esquerda. Na parte reservada aos comentários, o relatório sugere que o trabalho dos órgãos de informações na produção de conhecimento sobre as organizações subversivas e o preparo do pessoal especializado no combate aos inimigos do regime impedia a disseminação das doutrinas marxistas nos meios universitários e dos valores comunistas na sociedade brasileira[106]. O terceiro documento apresenta uma abordagem abrangente das táticas das organizações de esquerda para influenciar a juventude estudantil brasileira e instigar a revolta popular. Denominada de "vanguarda na guerra revolucionária", essa parcela de subversivos, segundo o texto, estaria interessada em reativar o Movimento Estudantil, que durante o período de 1967/68 dominou o cenário político brasileiro. Para tanto, continua o documento, os subversivos reformularam suas táticas no sentido de negação permanente do sistema e "essa ideia de negação do sistema, aliou-se a luta política contra a opressão policial, configurada pelas frequentes notícias veiculadas pela imprensa, em que procura denegrir, junto à população, a imagem de nossos organismos policiais". Em seguida, o informe traz a "Outra tática", muito característica do processo subversivo que seria o "aliciamento feito por elementos infiltrados nos diversos setores da vida

---

[105]   Ministério da Justiça. Ministério da Justiça. Divisão de Segurança e Informações. Informação n.º 007/73/P, 31 maio 1973. Arquivo Nacional. Memórias Reveladas. Disponível em: http://imagem.sian.an.gov.br/acervo/derivadas/br_dfanbsb_v8/mic/gnc/aaa/73059624/br_dfanbsb_v8_mic_gnc_aaa_73059624_d0001de0001.pdf.

[106]   Ministério da Justiça. Divisão de Segurança e Informações. Informação n.º 76/73/ P DSI/MJ, 25 out. 1973. Arquivo Nacional. Memórias Reveladas. Disponível em: http://imagem.sian.an.gov.br/acervo/derivadas/br_dfanbsb_v8/mic/gnc/aaa/73062408/br_dfanbsb_v8_mic_gnc_aaa_73062408_d0001de0001.pdf.

pública e privada com a finalidade de granjear adeptos, colaboradores ou mesmo simpatizantes". Com base em informações jornalísticas, o texto faz referência aos depoimentos de indivíduos apresentados no Conselho Permanente do Exército e arrolados na acusação do processo que apurava as atividades de reorganização do extinto Partido Comunista. Finalmente, com base no relatório "Informação N9 20/73 - DSI//MF", o documento da DSI do Ministério da Justiça discorre sobre as atuações do grupo que denomina de "Forças Guerrilheiras do Araguaia", responsáveis pelos ataques ao alojamento da Polícia Militar da região, de onde teriam levado "armas, munições e mantimentos"[107].

Finalmente, colocamos em relevo um informe da DSI do Ministério do Interior intitulado "Infiltração nos órgãos de comunicação social – a imprensa escrita", que era um dos temas mais abordados pelos órgãos de informações. Difundido para a Agência Central do SNI, Cenimar, Cisa e DSI/MJ e datado de novembro de 1973, o documento concentra-se em alertar para a infiltração de grupos ligados a partidos comunistas no jornal *Estado de São Paulo* e na *Folha da Tarde*. Tanto em suas sedes — São Paulo, capital —, como nas sucursais do Rio/GB e Brasília/DF, com tendências para se estenderam às cidades de Porto Alegre, Belo Horizonte e Recife, a infiltração estava sendo montada por meio de colocações estratégicas em pontos-chave das redações dos jornais, incluindo o setor econômico. Em seguida, o texto cita os responsáveis pela montagem do esquema de infiltração e suas ligações políticas. Conclui que os objetivos políticos seriam manipular os órgãos de imprensa contra as decisões político-administrativas do governo no sentido de desacreditá-lo perante a opinião pública[108].

Dificilmente poderíamos compreender a dimensão que tomaram as atividades da inteligência militar na esfera da estrutura governamental, se não apresentássemos os dados *supra* tal como eles foram confeccionados e difundidos pelas DSIs dos ministérios civis. Com qual finalidade as DSIs disseminavam informações sobre ocorrências na sociedade, externas à

---

[107] Ministério da Justiça. Ministério da Justiça. Divisão de Segurança e Informações. Informação n.º 124/73/P – DSI/MJ, 18 dez. 1973. Arquivo Nacional. Memórias Reveladas. Disponível em: http://imagem.sian.an. gov.br/acervo/derivadas/br_dfanbsb_v8/mic/gnc/aaa/73064516/br_dfanbsb_v8_mic_gnc_aaa_73064516_ d0001de0001.pdf.

[108] Ministério do Interior. Divisão de Segurança e Informações. Informe n.º 22/1470/73, 19 nov. 1973. Arquivo Nacional. Memórias Reveladas. Disponível em: http://imagem.sian.an.gov.br/acervo/derivadas/br_dfanbsb_v8/ mic/gnc/aaa/73063767/br_dfanbsb_v8_mic_gnc_aaa_73063767_d0001de0001.pdf.

dinâmica profissional dos ministérios, como foram os casos das informações produzidas sobre ações militares realizadas pelas organizações revolucionárias e partidos de esquerda? Acreditamos que uma das funções das DSIs foi criar contínuos fatos com efeitos simbólicos no interior do sistema estatal. As DSIs não só colocaram os integrantes dos órgãos ministeriais sob o foco do sistema de espionagem montado pelos serviços de inteligência a fim de identificar os opositores que poderiam criar óbices ao funcionamento da administração pública civil. Também serviram de correias de transmissão das estratégias de guerra psicológica, tal como a que difundia comunicações com o propósito de estimular o sentimento anticomunista e despertar o espírito de combate contra atividades contestatórias. Foi preciso forjar um ambiente de coesão ideológica em torno da necessidade de perpetuação das ações repressivas de cunho militar e preservação do regime tal como instituído após o AI-5.

Uma última observação. As informações produzidas pelas DSIs que constavam nos seus relatórios e informes eram divulgadas de acordo com as normas previstas no Regulamento para Salvaguarda de Assuntos Sigilosos (RSAS). Na verdade, a regulamentação que obrigava sigilo das informações divulgadas pelas DSIs fazia parte das normas estabelecidas pelo Decreto Secreto n.º 69.534, de 11 de novembro de 1971, instituído pelo presidente Médici[109]. O decreto secreto alterou normas já existentes e que constavam de regulamentos para salvaguarda de assuntos sigilosos aprovado pelo Decreto n.º 60.417, de 11 de março de 1967, durante o governo Castelo Branco. Dessa forma, o presidente Médici estava autorizado a classificar como secretos os decretos de conhecimento restrito que dispunham sobre matéria de interesse da segurança nacional. Médici editou três decretos secretos durante seu governo: em 11 de novembro de 1971, o que modificou a organização da força terrestre; em 18 de janeiro de 1972, o que criou a 1ª Ala de Defesa Aérea; em 12 de abril de 1972, o que dispôs sobre a unidade do Exército[110]. Quando instituído, o decreto

---

[109] Documento sem classificação. DSI e ASI- Estudo. Arquivo Nacional. Memórias Reveladas. Disponível em: http://imagem.sian.an.gov.br/acervo/derivadas/br_dfanbsb_v8/txt/agr/nre/0096/br_dfanbsb_v8_txt_agr_nre_0096_d0001de0001.pdf.

[110] Presidência da República. Serviço Nacional de Informações. Agência do Rio de Janeiro. Informação n.º 939/71/ARJ/SNI, 30 nov. 1971. Arquivo Nacional. Memórias Reveladas. Disponível em: http://imagem.sian.an.gov.br/acervo/derivadas/br_dfanbsb_v8/mic/gnc/aaa/71042794/br_dfanbsb_v8_mic_gnc_aaa_71042794_d0001de0001.pdf.

secreto provocou fortes reações na oposição, sobretudo no MDB, assim como na grande imprensa liberal, que a chamaria de legislação invisível. Aventou-se na época que um dos objetivos seria autorizar a concentração de recursos humanos e materiais para conter a guerrilha em curso no sul do Pará, na região do Araguaia, um assunto sob o mais rigoroso sigilo.

Capítulo IV

INTELIGÊNCIA E FORÇAS ARMADAS

O ponto de partida deste trabalho reside na ideia de que a inteligência e as Forças Armadas formavam os componentes centrais do aparelho repressivo e como tais não podem ser analisados separadamente. As relações entre as Forças Armadas e órgãos de informações relacionadas à segurança do Estado remontam às primeiras décadas da República com a criação do Conselho de Defesa Nacional (CDN) em 1927. Essas relações se expandiram no governo Vargas quando o CDN ganhou a denominação de Conselho Superior de Segurança Nacional. No governo Dutra, houve a reestruturação do CSN e a criação do Serviço Federal de Informações e Contrainformações, que era submetido ao controle militar e foi substituído pelo SNI após o golpe de 1964.

O controle das atividades políticas dos militares se impôs como prioridade após a tomada do poder em 1964. Devemos nos lembrar dos expurgos que atingiram as Forças Armadas logo após o golpe de 1964. Esse mecanismo repressivo de depuração ideológica da instituição militar visou, segundo Maria Helena Alves, sobretudo aos oficiais com poder de influência ou comando sobre as tropas que haviam resistido à conspiração contra Goulart. Por meio do AI-1 e 2, 1.200 oficiais dos três ramos das Forças Armadas foram punidos. A autora cita também as detenções em massa de marinheiros e sargentos e argumenta que os aparatos repressivos e a rede de informações se estenderam aos regimentos e batalhões para se manter uma estreita malha de vigilância dos membros das Forças Armadas e da Polícia Militar (PM)[111].

Os acontecimentos que envolveram os marinheiros e sargentos, após a tomada do poder em 1964, reforçaram a narrativa de que os comunistas não se furtavam das táticas de infiltração nas Forças Armadas com

---

[111] ALVES, 1989, p. 64.

a intenção de dividi-las para tomar o poder[112]. A denominada "Intentona Comunista" de 1935 constituía o marco emblemático e histórico que alimentava o imaginário conservador e acionava os mecanismos de vigilância e defesa das instituições militares. Como antídoto à penetração da influência comunista, a inteligência militar já havia formulado durante o governo Goulart o documento intitulado "Como eles agem", que foi distribuído em todas as instâncias das Forças Armadas. Confeccionado pelo Estado-Maior da Aeronáutica em 1963, durante os momentos que precederam o golpe, o documento foi atualizado pelo Cisa em 1970, e divulgado pelo SNI durante o governo Médici, no auge das políticas de segurança interna que instauraram o ambiente de terror e medo para se obter obediência e conformidade social.

O que nos interessa reter do documento atualizado em 1970 pelo Cisa e intitulado "Como eles agem II" é o seu prefácio, que justifica a sua reprodução e resgata as condições históricas do texto original. Com 99 páginas, o documento "Como eles agem II" visava contribuir com o trabalho de informações e contrainformações, bem como com a condução de Inquéritos Policiais Militares da época. Relata que, em junho de 1963, o Estado-Maior da Aeronáutica distribuiu 14.500 exemplares da publicação intitulada "Como eles agem", que foi lida "por toda tropa", ou seja, por todos os membros da Força Aérea, entre oficiais, suboficiais e sargentos. Em face da repercussão e das interpelações feitas pelo ministro da Aeronáutica, o chefe do Estado-Maior assumiu a responsabilidade pela redação, confecção e distribuição da publicação que afirmava a disposição anticomunista do Estado-Maior da Aeronáutica de acordo com a lei vigente, no sentido de resguardar os organismos militares da Aeronáutica da ação subversiva comunista. Embora não pretendesse substituir o documento "Como eles agem", a publicação atualizada pelo Cisa conservou o título e argumentou que o processo subversivo não era prerrogativa da atuação de elementos da Força Aérea. Assinalou que ao longo dos anos, entre 1963 e 1970, os comunistas continuaram agindo com métodos renovados e inusitados. O documento observou ainda que "Não será, por ora, feita difusão ostensiva à tropa" da matéria de "Como eles agem II". Entretanto, sugeriu que "os Comandantes, Diretores e Chefes" tivessem-no à mão como elemento de ilustração e consulta. Por fim recomendou "que os Oficiais lotados nas Seções Divisões de Segurança" procurassem ler, atentamente, "esse

---

[112] Presidência da República. Serviço Nacional de Informações. Agência Central. Informação n.º 316/16/AC/75, 24 out. 1975. Arquivo Nacional. Memórias Reveladas. Disponível em: http://imagem.sian.an.gov.br/acervo/derivadas/br_dfanbsb_v8/mic/gnc/aaa/75086382/br_dfanbsb_v8_mic_gnc_aaa_75086382_d0001de0001.pdf.

trabalho que é um resumo colhido nas mais diferentes fontes, acerca das organizações subversivas ora existentes no Brasil"[113].

Se antes de 1964 eram as forças civis conservadoras, representadas sobretudo pela grande imprensa liberal, que ocupavam o lugar principal na tarefa de mobilização ideológica das Forças Armadas, após o golpe de Estado elas foram substituídas pelos serviços de inteligência. Por meio do seu amplo sistema de comunicação, com relatórios, boletins, informes, estudos, análises e outros documentos sigilosos, a inteligência emulou as práticas da imprensa. De acordo com sua expansão, ampliou gradativamente a capacidade de difundir informações para todo o aparelho militar que exacerbavam as ameaças internas representadas pelas forças de esquerda e, dessa forma, insuflavam o sentimento anticomunista. Os documentos evidenciam que os órgãos de informações resgataram o mote da Guerra Fria e estimularam de modo constante o espírito militar para combater o inimigo interno. A infiltração comunista na sociedade e nas Forças Armadas eram temas presentes nos textos da inteligência e evocavam a necessidade de luta contínua e incessante pela consolidação do regime instituído em 1964, que era associado à defesa dos tradicionais valores democráticos do mundo ocidental. As narrativas em torno das táticas de infiltração comunista nas Forças Armadas e nas instituições nacionais constituíram, portanto, ações no campo da linguagem efetivadas pelos órgãos de informações com o propósito de construir uma unidade política no interior do Estado. Essa prática discursiva acionada pela inteligência visava despertar as consciências militares na luta antissubverssiva e exigir o permanente e maior envolvimento da instituição Forças Armadas nas questões de segurança interna.

As narrativas adotadas pelos serviços de inteligência, conforme os documentos oficiais, expressavam uma estratégia de comunicação com o público militar e confirmam a interpretação de que o anticomunismo se constituiu historicamente no principal elemento ideológico que motivava a ação direta das Forças Armadas no cenário político. Guardadas as devidas diferenças conjunturais, a narrativa anticomunista esteve presente tanto

---

[113] Presidência da República. Serviço Nacional de Informações. Agência Central. Encaminhamento s/n, 15 mar. 1970. Arquivo Nacional. Memórias Reveladas. Disponível em: http://imagem.sian.an.gov.br/acervo/derivadas/br_dfanbsb_v8/mic/gnc/aaa/71041388/br_dfanbsb_v8_mic_gnc_aaa_71041388_d0001de0002.pdf.

para justificar o golpe em 1964 como para exigir o fechamento do regime em 1968. Confirmam essa observação as estimativas produzidas pelo SNI com a colaboração dos órgãos de informações militares que foram difundidas no momento que antecedeu a decisão do AI-5 pelo CSN e enfatizavam a ampliação da influência no país do Movimento Comunista Internacional (MCI). Elas projetaram um quadro de contestação subversiva generalizada, de natureza contrarrevolucionária, e demandavam medidas de segurança com a cobertura das Forças Armadas, conforme indica o documento escrito sob a responsabilidade do chefe do SNI, o general Médici. É o que mostra a ata da reunião do CSN de julho de 1968, quando o general Médici propôs "medidas, em segurança com cobertura militar contra a ação subversiva", de modo a "permitir o êxito dos empreendimentos e a volta da confiança ao governo, pelas Forças Armadas, responsável pela revolução de hum mil novecentos e sessenta e quatro e pelo próprio povo"[114].

Assim como o documento do SNI assinado pelo general Médici, o documento intitulado Conceito Estratégico Nacional (CEN) e os pronunciamentos dos ministros militares que foram apreciados nas reuniões do CSN entre julho e dezembro de 1968, e eram alimentados com informações do sistema de inteligência, convergiam para o seguinte ponto: o principal efeito das contestações sociais generalizadas na conjuntura de 1968 se dava sobre as Forças Armadas. Articulados ao movimento comunista internacional, os grupos nacionais subversivos promoviam a guerra revolucionária com a intenção de solapar a unidade das Forças Armadas e reverter a ordem revolucionária instituída em 1964. Nesse sentido é emblemático o relato do secretário-geral do CSN apresentado em julho de 1968.

> No campo militar: A tensão a que vem sendo submetida a tropa tende a se agravar face a: ataques aos quartéis; atentados e atos de terrorismo; guerra psicológica contra militares e seus familiares por meio de telefonemas, ameaças anônimas, etc; continuidade da liberdade de ação de agitadores e contrarrevolucionários; incitamento da opinião pública contra as Forças Armadas; provocações e ataques

---

[114] Presidência da República. Conselho de Segurança Nacional. Secretaria-Geral. Ata da quadragésima primeira sessão do Conselho de Segurança Nacional. Brasília, p. 14, 11 jul. 1968. Arquivo Nacional. Memórias Reveladas. Disponível em: http://imagem.sian.an.gov.br/acervo/derivadas/br_dfanbsb_n8/0/ata/0004/0001_f_001_038/br_dfanbsb_n8_0_ata_0004_0001_f_001_038_d0001de0001.pdf.

> a militares quando isolados; continuidade dos períodos de prontidão; infiltração nas Forças Armadas por meio de conscritos previamente doutrinados para atuar, particularmente, no setor de Informações.[115]

Não há nada de original nesse esquema de pensamento que via as ameaças à integridade das Forças Armadas como resultado dos conflitos que ocorriam na sociedade. Nessa abordagem, os conflitos sociais que enfraqueciam a nação e afetavam a unidade militar, em especial o Exército, seriam reflexos da politização estimulada pelo comunismo que se generalizava pelo tecido social. Se procede o raciocínio, é possível resgatar a ideia que enfatiza linhas de continuidade do pensamento militar pós-1964. Edmundo Coelho sugere que a Doutrina de Segurança Nacional elaborada pela inteligência da ESG seria em essência uma visão mais sofisticada, sistematizada e atualizada da proposição formulada por Góis Monteiro quando desenvolvia uma doutrina para o Exército e procurava redefinir o papel da instituição na sociedade. Góis Monteiro considerava a defesa nacional fator e resultado de uma política de desenvolvimento nacional que supunha como condição uma estratégia global de rígida contenção das forças políticas em luta e de disciplina social[116].

Os valores disseminados pelos documentos de inteligência se coadunavam com o pensamento dominante nas instituições militares, originado da ESG, que via na atuação da Comunidade de Informações a condição fundamental para a segurança do Estado. É importante perceber que a demanda por ações de segurança com maior intervenção das Forças Armadas, tal como formulada na conjuntura de 1968 pelo chefe do SNI, foi justificada pela expansão da guerra revolucionária, conforme se observa nas atas do CSN que antecederam a decisão do AI-5. A proposta de fechamento do regime se deu com exigências pela ampliação e fortalecimento das estruturas de informações como requisito básico para neutralizar as ações do inimigo interno. As orientações pelo maior envolvimento político das Forças Armadas para resgatar a confiança no governo ocorreram com as recomendações de fortalecimento da inteligência militar, considerada a expressão suprema de autoridade para estimar a força do inimigo interno.

---

[115] *Ibidem*, p. 6.

[116] COELHO, 1976.

Na reunião do CSN que analisou o CEN, em agosto de 1968, o general Médici argumentou que as informações eram o instrumento principal da ação do governo para a consecução dos "Objetivos da Política Nacional, em seu duplo aspecto de Política de Segurança e Política de Desenvolvimento". O chefe do SNI afirmou que a importância das informações se acentuava dadas as vulnerabilidades do país, ainda em desenvolvimento, e o grande número de pressões a que estava sujeito. O oficial de inteligência afirmou que a "obtenção de um Sistema Nacional de Informações de elevada eficiência" deveria constituir um "Objetivo de Segurança Nacional, por ser essencial a todos os demais objetivos"[117].

A consequência mais visível do processo de militarização que se seguiu à decretação do AI-5 foi a expansão do papel do SNI[118] e dos organismos de informações comandados pelas Forças Armadas, uma demanda que era vocalizada continuamente pelos próprios oficiais de inteligência e integrantes do complexo repressivo do regime. Há um documento divulgado pelo SNI em 1973 que resgatou um texto da inteligência escrito logo após a edição do AI-5. Ele apresenta a sugestão de criar um organismo em nível nacional para comandar os órgãos de informações na luta para eliminar a subversão no país que se intensificava e obedecia à estratégia comunista internacional:

D - Apreciação Final

1. Este documento mostra que as ações subversivas no país [...] vem aumentando progressivamente...e têm vinculação com o exterior.

2. Entretanto, as investigações e as ações de combate à subversão no país estão sendo realizadas isoladamente, sem coordenação.

---

[117] Presidência da República. Conselho de Segurança Nacional. Secretaria-Geral. Ata da quadragésima segunda sessão do Conselho de Segurança Nacional. Brasília, 26 ago. 1968, p. 46. Arquivo Nacional. Memórias Reveladas. Disponível em: http://imagem.sian.an.gov.br/acervo/derivadas/br_dfanbsb_n8/0/ata/0004/0002_f_039_070/br_dfanbsb_n8_0_ata_0004_0002_f_039_070_d0001de0001.pdf.

[118] Decreto de 16 de junho de 1970. Instituiu o Plano Nacional de Informações, que se tornou a base legal para a criação do Sistema Nacional de Informações (Sisni), do qual faziam parte os serviços de inteligência da Marinha, Exército e Aeronáutica e os serviços de informações das polícias militares, as DSIs e ASI, Polícia Federal e Polícia Civil. Sobre o tema, veja: Lagoa (1983); Quadrat (2000); Antunes (2001); Fico (2003, 2004).

3. Dispõe o Governo de Órgãos de Informação (SNI, Serviços da Informações dos Ministérios Militares, etc) e de órgãos de prevenção e repressão (Forças Armadas, Polícias Militares, etc).

4. Não dispõe, entretanto, o Governo, especificamente, de um organismo encarregado da centralizar, planejar a coordenar a execução do combate ao Comunismo Internacional, isto é, de traçar-lhe a estratégia e a tática convenientes, à luz da interpretação da filosofia comunista e sua evolução atual.

5. Assim, não está havendo convergência de esforço para melhor aproveitamento das informações processadas a nem das ações esporádicas de prevenção e repressão que se realizam por iniciativa da diversos órgãos, em vários níveis, sem uniformidade de procedimento e de conhecimento.[119]

Essas considerações nos permitem a seguinte proposição: a inteligência militar teve um papel ideológico decisivo no maior envolvimento das Forças Armadas nas operações que visavam destruir as organizações revolucionárias e partidos comunistas adeptos da luta armada. Em contrapartida, as Forças Armadas foram fundamentais para viabilizar a expansão das estruturas de informações comandadas pelos militares. Quanto mais se expandiram os serviços de inteligência para combater as contestações subversivas, maior foi a influência dessa estrutura de poder sobre o conjunto do aparelho repressivo, principalmente sobre os membros das Forças Armadas. A maior inserção das Forças Armadas na luta antissubverssiva e a ampliação das estruturas de informações tornaram-se elementos integrados no combate aos inimigos internos. O regime instituído após o AI-5 assistiu não só à expansão das estruturas de informações de natureza militar como também presenciou o envolvimento maior e direto das Forças Armadas nas operações contra a guerra revolucionária. Ilustra essa observação a criação da Oban em 1969 e organização do sistema DOI-Codi no ano de 1970, duas estruturas comandadas pelo Exército. É possível afirmar que a vasta estrutura de informações comandadas pelos

---

[119] Presidência da República. Serviço Nacional de Informações. Gabinete. Memorando 2085/SI-Gab. Brasília, 29 nov. 1973. Arquivo Nacional. Memórias Reveladas. Disponível em: http://imagem.sian.an.gov.br/acervo/derivadas/br_dfanbsb_v8/mic/gnc/aaa/73075117/br_dfanbsb_v8_mic_gnc_aaa_73075117_d0001de0002.pdf.

militares — SNI, Cenimar, CIE, Cisa, Oban e os DOI-Codi — ampliou sua influência ideológica sobre o conjunto do aparelho militar quando recebeu a missão de combater a luta armada promovida pela esquerda. Força especializada no conhecimento do inimigo interno, a inteligência ganhou prestígio e reconhecimento ao ocupar a linha de frente das operações contra as guerrilhas urbanas e rurais que contaram com a participação das tropas regulares do Exército, Marinha e Aeronáutica.

Sequestros dos embaixadores estrangeiros

O sequestro do embaixador americano em setembro de 1969 serve como exemplo das ações militares combinadas compostas pelos serviços de inteligência, forças militares regulares e órgãos de segurança pública. As operações de busca para localizar o cativeiro e resgatar o embaixador americano foram comandadas pelo I Exército. Após o embaixador ser libertado, o Exército e a polícia ocuparam as ruas do Rio de Janeiro e realizaram blitz na expectativa de prender os militantes das organizações revolucionárias. Cerca de 1.800 pessoas foram presas para averiguação. Alguns dias depois, o Cenimar divulgou para a imprensa um documento dando conta das investigações. Apresentou informações detalhadas sobre o desenrolar do acontecimento. No texto é assinalado que, poucas horas após o sequestro, os órgãos de inteligência militar já tinham localizado a residência da Rua Barão de Petrópolis, onde se encontrava o embaixador. O documento do Cenimar revela como se deu a vigília de observação, quando foi possível fotografar os participantes da ação. A vigília se prolongou até a libertação do embaixador, quando teve início a operação de captura dos militantes do MR-8 e da ALN[120].

As ações militares combinadas fizeram parte da estratégia aplicada para conter as ações armadas das organizações revolucionárias, em especial os sequestros de diplomatas estrangeiros, conforme evidenciam os casos do cônsul-geral do Japão e do embaixador da Alemanha. O diplomata japonês foi sequestrado no dia 11 de março de 1970. No dia seguinte, a Oban divulgou para a imprensa que havia identificado dois militantes participantes da ação, que foram reconhecidos pelo motorista do cônsul

---

[120] MARINHA apresenta fotos e nomes do sequestro. *Jornal do Brasil*, Rio de Janeiro, 13 set. 1969, p. 3.

por meio de fotografias do álbum do Dops de São Paulo. Os militantes pertenceriam à ALN e à VPR[121]. Quando os presos políticos foram soltos em troca da libertação do cônsul japonês e chegaram ao México, teve início a operação de caça aos militantes participantes do sequestro, que envolveu militares, agentes dos órgãos de segurança pública e policiais comandados pela Oban. Desde o primeiro dia do sequestro do embaixador alemão, em 11 de junho de 1970, a VPR e a ALN foram identificadas pelos órgãos de inteligência como as responsáveis pela ação[122]. Após o embaixador alemão ser solto em troca de 40 presos políticos, que foram banidos e viajaram para a Argélia, teve início a busca pelos militantes que participaram do sequestro. A operação envolveu os serviços de inteligência militar, militares e órgãos de segurança estaduais, além da Polícia Federal, sob o comando do I Exército.

Assim como as operações militares antissubverssivas nas áreas urbanas, as operações das áreas rurais também refletiram o trabalho conjunto dos órgãos de informações com as forças militares regulares, conforme mostra a Operação Registro executada no Vale do Ribeira em São Paulo, que teve desdobramentos conceituais para a execução da Operação Pajussara em setembro de 1971, quando Carlos Lamarca foi eliminado no sul da Bahia. O conceito de operações combinadas, que integra as forças militares, foi também aplicado na luta contra a guerrilha liderada pelo PCdoB na região do Araguaia, no sul do Pará.

Operação Registro no Vale do Ribeira

Em janeiro de 1970, a VPR iniciou a montagem do campo de treinamento da guerrilha rural no Vale do Ribeira, em São Paulo. Nessa ocasião, algumas definições sobre as várias formas de guerrilha já haviam sido desenvolvidas por Lamarca, tais como as de guerrilha irregular, dos comandos de sabotagem, da guerrilha irregular vinculada e da guerrilha urbana. Lamarca alimentava a expectativa de que o ano de 1970 seria o

---

[121] DOIS dos cinco sequestradores estão identificados. *Jornal do Brasil*, Rio de Janeiro, 13 mar. 1970, p. 12.

[122] SUBVERSIVOS lançam novo manifesto. *Jornal do Brasil*, Rio de Janeiro, 13 jun. 1970, p. 3.

ano da guerrilha urbana e da guerrilha rural, de modo que possibilitassem o rompimento do isolamento entre vanguarda e as massas no Brasil[123].

Os serviços de inteligência descobriram a localização do campo de treinamento do Vale do Ribeira e, em meados de abril, segundo matéria publicada pelo *Jornal do Brasil*, teve início o cerco à região por meio da mobilização de forças militares, sob o comando do II Exército, constituídas por tropas de infantaria, helicópteros, aviões, patrulhas fluviais, além de agentes do CIE e do serviço de informação do Exército[124]. A VPR foi identificada como a organização política responsável pela criação do campo de treinamento da guerrilha. Com o fechamento do cerco militar, a VPR decidiu abandonar a região. No 17º dia de operações repressivas, o comando do II Exército informou para a imprensa que até aquele momento tinham sido detidas mais de 120 pessoas, das quais 23 continuavam presas. Os órgãos de inteligência estimavam que havia 20 guerrilheiros espalhados pela região, em movimento de fuga[125].

Na narrativa sobre o campo no Vale do Ribeira, desenvolvida no livro *A verdade sufocada*, o coronel Ustra, ex-comandante do DOI, discorre sobre sua montagem, desde a origem, em janeiro de 1970, até a desativação, em abril. Anuncia os nomes e codinomes dos militantes participantes e a estrutura de comando chefiada por Lamarca. Apresenta detalhes do modo como se deu o cerco das tropas militares e a fuga dos militantes da VPR. Cita como erro principal o longo tempo entre a chegada das tropas e a realização do cerco, o que possibilitou a fuga de Lamarca. Como oficial da inteligência militar, Ustra não pôde responsabilizar a alta hierarquia das Forças Armadas pelo fracasso em capturar Lamarca no Vale do Ribeira. Sua saída, então, foi atribuir à falta de experiência dos recrutas do Exército uma das causas do fracasso da operação militar na região. Todavia, Ustra tem plena consciência da falta de preparo militar do Exército para enfrentar a guerra de guerrilha. Tanto é que ele afirma de forma bem clara: "estávamos enfrentando, pela primeira vez, uma Guerrilha Rural e as

---

[123] CHAGAS, André Gonçalves das. *A Vanguarda Popular Revolucionária*: dilemas e perspectivas da luta armada no Brasil (1968-1971). 2000. Dissertação (Mestrado em História, Direito e Serviço Social) –Universidade Estadual e Paulista Júlio de Mesquita Filho, Franca, 2000.

[124] CERCO ao Vale do Ribeira, *Jornal do Brasil*, Rio de Janeiro, 24 abr. 1970, p. 7.

[125] TROPAS no Vale do Ribeira mantém presas 23 das 120 pessoas detidas em 17 dias. *Jornal do Brasil*, Rio de Janeiro, 4 maio 1970, p. 34.

SERVIÇO NACIONAL DE INFORMAÇÕES E APARELHOS DO ESTADO POLICIAL

nossas fontes de consulta eram os manuais do Exército Americano". Em seguida, ele apresenta na narrativa a seguinte reflexão: "Havíamos aprendido a lição do Vale do Ribeira. No sul do Pará, montou-se uma operação genuinamente brasileira... Em pouco tempo e sem maiores despesas, toda a guerrilha do Sul do Pará estava desbaratada"[126].

Operação Pajussara no sul da Bahia

A experiência obtida no Vale do Ribeira foi determinante para a realização da Operação Pajussara, que foi desencadeada no interior da Bahia como uma ofensiva para localizar e eliminar Lamarca, àquela altura o inimigo número um da ditadura militar. O relatório da operação descreve a evolução do acontecimento, os problemas enfrentados e ensinamentos que foram extraídos. O documento da 2ª Seção do Quartel-General do IV Exército/6ª Região Militar é datado de 1971 e contém 111 páginas. Foi apresentado ao EME, IV Exército, Órgãos de Informações e Unidades Subordinadas[127]. Do relatório nos interessa reter dois pontos. O primeiro diz respeito ao conceito empregado na Operação Pajussara, que é formulado com base nos ensinamentos da Operação Registro, no Vale do Ribeira. O segundo ponto é sobre os princípios de guerra aplicados na Operação Pajussara, desenvolvida na caatinga do centro-oeste baiano, às margens do Rio São Francisco, e que culminou na destruição do foco guerrilheiro montado por Lamarca.

A Operação Pajussara foi uma mobilização de forças conjuntas que contou com a participação de 215 militares e policiais, sem, contudo, ter empregado forças militares regulares. Participaram ao menos 40 oficiais da Bahia, do Rio de Janeiro (Guanabara), de São Paulo e de Pernambuco. Sob a jurisdição da 6ª Região Militar, comandada pelo general Argus Lima, a Operação Pajussara teve como comandante o então major Nilton de Albuquerque Cerqueira, chefe da 2ª Seção do Estado-Maior da 6ª Região Militar e comandante do DOI de Salvador. A Pajussara teve participação de militares de diversas unidades de inteligência, como CIE, Cisa, Dops/

---

[126] USTRA, 1987, p. 84.

[127] Ministério do Exército. 2ª Seção do Quartel-General do IV Exército/6ª Região Militar. Operação Pajussara, 1971. Arquivo Nacional. Memórias Reveladas. Disponível em: http://imagem.sian.an.gov.br/acervo/derivadas/BR_DFANBSB_V8/MIC/GNC/AAA/71041397/BR_DFANBSB_V8_MIC_GNC_AAA_71041397_an_01_d0001de0001.pdf.

SP, Codi da 6ª Região Militar. Participaram também militares da PMBA, DPF/BA, além do apoio civil, com pessoal, veículos e aviões da Companhia de Mineração Boquira, e apoio logístico também da Petrobras e da TransMinas. De outros estados, destacaram-se o delegado Sérgio Paranhos Fleury e sua equipe do Dops/SP, além de agentes do CIE, Cenimar, Cisa, Codi/2 (II Exército), Parasar/FAB, entre outros.

A Operação Pajussara, segundo a

> [...] diretriz de Comando, foi definida como sendo uma operação de informações. O relatório atribuiu o êxito da Operação Pajussara ao entrosamento e espírito de colaboração que existiu no trabalho conjunto entre as Agências Centrais de Informação.

Além dos

> Elementos Civis de SP e GB e o Codi/2, o Centro de Operações de Defesa Interna (CODI/6) é citado como o órgão que possibilitou o entrosamento entre os órgãos do aparelho repressivo da área, facilitando o apoio às operações[128].

A Operação Pajussara foi planejada com base nos ensinamentos difundidos no Relatório da Operação Registro, que foi formulado para dar conta das operações repressivas executadas no cerco ao Vale do Ribeira, em São Paulo, onde se instalara a guerrilha comandada por Lamarca. Evitou-se a repetição das falhas apontadas na Operação Registro, entre elas a utilização de forças militares regulares que não tinham sido preparadas para a guerra de guerrilha. O relator argumentou que

> [...] o não emprego de tropas regulares constituiu uma diretriz de grande importância para o resultado final, ficando mais uma vez caracterizado que a tropa nos moldes convencionais só deve ser empregada quando o valor do inimigo for compatível e compensado.

Na concepção do relator, não se justificava a utilização de forças regulares contra pequenos grupos, cujos efetivos não tinham expressão militar. Dessa forma, conclui que "o emprego da doutrina AG"[129], testada e aperfeiçoada, "só se justifica quando o inimigo se apresenta em valor

---

[128] *Ibidem.*

[129] É possível que a sigla "AG" signifique "Antiguerrilha".

compatível, não sendo adequada contra pequenos bandos". "No caso presente, a extensa área, com suas características topográficas de vegetação, não permitiria a materialização do cerco, a não ser com o emprego de grandes efetivos, que não se justificariam face do valor do inimigo"[130].

O emprego de tropas regulares para combater a guerrilha constava dos ensinamentos ministrados pelo Exército, como foi o caso das manobras da 9ª Região Militar, realizadas em outubro de 1969 em Campo Grande. O adestramento das tropas nas ações antiguerrilha foi o tema principal do exercício que contou com a participação da Força Aérea tanto no setor de transportes quanto no seu apoio aerotático, empregando caças F33 e B26, em ação conjunta com as forças terrestres. Com a presença do general José Canavarro, o comando do II Exército testou uma nova doutrina de apoio logístico concebida para enfrentar a guerra revolucionária. A extensão da área apoiada e a dispersão das unidades foram as condicionantes do novo sistema de apoio colocado em prática[131].

Guerrilha do Araguaia no sul do Pará

As organizações revolucionárias acreditavam que a opção pela luta armada iria atrair apoio popular. A estratégia de guerra revolucionária resultou de um grave equívoco de análise das relações de forças. A esquerda revolucionária não soube interpretar os textos de Marx e de Lenin e se distanciou dos ensinamentos de Gramsci. A estratégia de guerra de guerrilha aplicada em Cuba respondeu às específicas condições sociais daquele país, que não se assemelhavam às do Brasil. Com uma população numericamente expressiva, o Brasil possuía uma complexa economia em ritmo acelerado de industrialização e associada ao capital estrangeiro, dispunha de uma superestrutura política, jurídica e ideológica desenvolvida, contava com órgãos de inteligência militar e o imenso poder das Forças Armadas, que controlavam militarmente o vasto território nacional. O "Relatório Periódico de Informação" do SNI de setembro de 1971 repro-

---

[130] Ministério do Exército. 2ª Seção do Quartel-General do IV Exército/6ª Região Militar. Operação Pajussara, 1971. Arquivo Nacional. Memórias Reveladas. Disponível em: http://imagem.sian.an.gov.br/acervo/derivadas/BR_DFANBSB_V8/MIC/GNC/AAA/71041397/BR_DFANBSB_V8_MIC_GNC_AAA_71041397_an_01_d0001de0001.pdf

[131] Canavarro assistiu manobra em M. Grosso. *Correio da Manhã*, 17 out. 1969, p. 8. Disponível em: http://memoria.bn.br/pdf/089842/per089842_1969_23468.pdf.

duziu uma análise de Herbert Daniel, dirigente da VPR, sobre a situação da organização e uma avaliação da estratégia de luta armada. O militante deixa claro que "os grupos que se somaram, em 66/67, encontram-se, hoje, completamente derrotados". Em seguida, ele qualifica o que definiu como derrota sofrida pela esquerda: "derrota do experimentalismo, do amadorismo, do aventureirismo [...] derrota de teses imperfeitas, de uma teoria remendada [...] derrota de um destacamento revolucionário do povo"[132]. Nesse mesmo documento de setembro de 1971, o SNI assinala que a "análise dos dramáticos documentos da agonizante organização subversiva 'Vanguarda Popular Revolucionária — VPR' poderá conduzir à conclusão de que a subversão terminará em breve". O texto afirma que os documentos da VPR

> [...] foram redigidos sob condições psicológicas adversas, sob forte impacto emocional, por elemento com moral abatida pelo rápido declínio sofrido por sua organização, que dispunha, até recentemente, não só de quadros altamente capacitados, mas também de grande projeção no meio da "esquerda revolucionária.[133]

A estratégia de luta armada, nas circunstâncias em que foi adotada, reforçou a crença do regime de que o inimigo interno deveria ser combatido diretamente pelas Forças Armadas. Documento do Cisa produzido no governo Médici justificava a mobilização militar para combater a guerrilha urbana e rural com base na ideia de que só um Exército Regular pode combater outro Exército de natureza subversiva[134]. A maioria das organizações revolucionárias, com poucas exceções, aderiu à tática da luta armada para confrontar o Estado comandado pelos militares. Influenciadas pela teoria da guerra de guerrilha, a exemplo de Cuba, e rompendo com a visão clássica de partido de vanguarda, as organizações de esquerda estruturaram-se como núcleos revolucionários — focos guerrilheiros

---

[132] Presidência da República. Serviço Nacional de Informação. Agência Central. Relatório Periódico de Informação n.º 18, 15 a 30 set. 1971, p. 48. Arquivo Nacional. Memórias Reveladas. Disponível em: http://imagem.sian.an.gov.br/acervo/derivadas/br_dfanbsb_v8/mic/gnc/eee/82011026/br_dfanbsb_v8_mic_gnc_eee_82011026_d0001de0002.pdf.

[133] *Ibidem*, p. 48.

[134] Ministério da Aeronáutica. Gabinete do Ministro. Cisa. Encaminhamento 0062/Cisa, 21 mar. 1973. Arquivo Nacional. Memórias Reveladas. Disponível em: http://imagem.sian.an.gov.br/acervo/derivadas/br_dfanbsb_v8/mic/gnc/aaa/73054940/br_dfanbsb_v8_mic_gnc_aaa_73054940_d0001de0001.pdf.

— para promover ações político-militares, despertar a consciência das massas populares e ganhar apoio social para derrubar o regime instalado, em 1964. O PCdoB, entretanto, se opôs ao foquismo cubano e organizou núcleos de guerrilha rural, de acordo com a estratégia maoista que foi planejada para desencadear a guerra popular do campo para as cidades[135]. A estratégia maoista do PCdoB foi aplicada na região do Araguaia, no sul do Pará, em fins da década de 1960.

Com a descoberta da guerrilha no Araguaia comandada pelo PCdoB, teve início, no segundo semestre de 1972, uma violenta onda repressiva contra o partido, com prisões e assassinatos de vários dirigentes nacionais. Enquanto as forças do Exército dizimavam os militantes na área rural da guerrilha, os organismos de segurança investiam contra o partido nas áreas urbanas. O documento produzido pelo Comando do I Exército/2ª Seção intitulado "Relatório Periódico de Informações" ilustra esse acontecimento. O documento do Comando do I Exército publicado em janeiro de 1973 foi distribuído ao CIE, ao DOI, ao SNI, aos I, II e II Exércitos, além de outros comandos, batalhões e brigadas do Exército. Com 32 páginas e assinado pelo general-de-brigada Bento José Bandeira de Mello, chefe do Estado-Maior do I Exército, o texto expõe uma análise sobre a evolução das organizações de esquerda, com ênfase nas operações repressivas que atingiram o PCdoB. O relatório descreve a desarticulação dos organismos dirigentes e de boa parte das estruturas regionais do partido, no fim de 1972 e 1973. O documento descreve as operações do DOI-Codi do I Exército que desmantelaram os aparelhos do partido no Espírito Santo, Guanabara e São Paulo, onde funcionava a "Agência Brasileira de Notícias". Segundo o texto, a agência estava vinculada à "campanha de difamações contra o Brasil no exterior, através da associação Amnest International". A parte final do relatório expõe um anexo com as datas e os nomes dos militantes do PCdoB presos no DOI-Codi do II Exército[136].

---

[135] ROLLEMBERG, Denise. Esquerdas revolucionárias e luta armada. *In*: FERREIRA, Jorge; DELGADO, Lucília de Almeida Neves (org.). *O Brasil republicano*: o tempo da ditadura. Regime militar e movimentos sociais em fins do século XX. Rio de Janeiro: Civilização Brasileira, 2003. p. 43-91.

[136] BRASIL. Ministério do Exército. Comando do I Exército/2ª Seção, intitulado "Relatório Periódico de Informações", jan. 1973. Arquivo Nacional. Memórias Reveladas. Disponível em: http://imagem.sian.an.gov.br/acervo/derivadas/BR_DFANBSB_V8/MIC/GNC/CCC/73000799/BR_DFANBSB_V8_MIC_GNC_CCC_73000799_d0001de0001.pdf.

A desestruturação das bases guerrilheiras do Araguaia ocorreu a partir da realização de campanhas conjuntas entre os serviços de inteligência e forças militares regulares, sobretudo do Exército. Durante o período de 1972 e 1975, foram deflagradas seis diferentes operações de combate aos guerrilheiros, organizadas em três grandes campanhas militares: Primeira Campanha (Operação Peixe, Operação Ouriço e Operação Presença); Segunda Campanha (Operação Papagaio ou Manobrão e Operação Sucuri); Terceira Campanha (Operação Marajoara; e Operação Limpeza)[137].

Diante dessas considerações, cabe perguntar o que há de comum nas operações antiguerrilha realizadas no Araguaia. Elas são dominadas pelo conceito de operações de informações que enfatiza a centralidade do papel da inteligência nas operações militares. As operações de informações representavam uma modalidade das operações militares e eram executadas no âmbito das atividades de inteligência, voltadas para a busca de conhecimento sobre o inimigo. Elas eram a forma de abordagem e procedimentos adotados pela inteligência militar para enfrentar a guerrilha urbana e rural deflagrada no Brasil, no fim dos anos 1960.

O conceito de operações de informações[138] permite compreender melhor o modo como os militares realizaram o combate às ações de guerrilha do PCdoB no Araguaia. Na linha de frente das operações antiguerrilha, encontravam-se os serviços de inteligência que procuravam identificar o movimento do inimigo, sua capacidade operacional, sua estrutura e seus modos de operação. A inteligência coletava, processava e produzia as informações necessárias para montar a estratégia adequada de luta e viabilizar as ações combinadas com as forças militares regulares a fim de eliminar o inimigo. As evidências estão presentes nos relatórios das operações produzidos pela própria inteligência militar[139].

O início da campanha, em abril de 1972, foi precedida pela incursão dos serviços de inteligência que em março havia chegado à região do

---

[137] CARVALHO, Maria Cecília Vieira de. Não façam prisioneiros! O combate e o extermínio da Guerrilha do Araguaia. Dissertação – Universidade Federal de Minas Gerais. Faculdade de Filosofia e Ciências Humanas. Programa de Pós-Graduação em História. Belo Horizonte, 2019. p. 63. Disponível em: https://repositorio.ufmg. br/bitstream/1843/31224/1/Disserta%c3%a7%c3%a3o%20Vers%c3%a3o%20final%20 -%20P%c3%93S%20 BANCA-mesclado.pdf.

[138] CARVALHO, 2023.

[139] Vamos extrair as informações dos relatórios de inteligência militar analisados por: CARVALHO, 2019, p. 63.

Araguaia para "realizar operações de informações", na região 40 km SE de Marabá, no lugarejo denominado Cigana, a fim de localizar um campo de preparação de guerrilha rural[140]. Ainda em abril, agentes ligados ao CIE, ao Comando Militar do Planalto e à 3ª Brigada de Infantaria iniciaram a Operação Cigana, com ataques militares à região da Transamazônica e à localidade de Caianos, próximo ao Rio Araguaia[141]. As equipes de operação na região atuaram sob a orientação dos serviços de inteligência, integrados por agentes do CIE, do Cisa e do Cenimar[142].

As atividades da segunda campanha tiveram início em setembro de 1972, na localidade do Bico do Papagaio. O general-de-divisão Viana Moog assumiu o comando geral da operação, e sua execução ficou a cargo do general-de-brigada Antônio Bandeira, comandante da 3ª Brigada de Infantaria, de Brasília. A Operação Papagaio contou com agentes do CIE e com um contingente militar muito superior ao empregado nas primeiras operações, estimado entre 3 mil e 10 mil militares. A Marinha enviou soldados do Grupamento de Fuzileiros Navais do Rio de Janeiro e agentes do Cenimar. A Aeronáutica prestou apoio para ações aéreas e despachou para a região alguns agentes de inteligência do Cisa[143]. Além das operações de contraguerrilha com base nos ensinamentos sobre Guerra Revolucionária em ambiente de selva, foram realizadas operações psicológicas e Ações Cívicos Sociais[144]. Encerrada nos primeiros dias de outubro de 1972, a segunda campanha não obteve resultados esperados e o comando das operações contra a guerrilha no Araguaia foi transferido para o general Milton Tavares, chefe do Centro de Informações do Exército.

Chefiada pelo general Antônio Bandeira, uma equipe de inteligência deu início à nova operação, denominada de Sucuri, que foi concebida do trabalho conjunto entre a 2ª Seção da 3ª Brigada de Infantaria do Exército e a Seção de Operações do CIE. Segundo o documento "Plano de informações: Operação Sucuri", produzido pelo CIE de abril de 1973, os agentes

---

[140] Documento: Secreto. Operação Peixe I – Diretriz do Comandante da 8ª RM. Assinado pelo tenente-coronel Raul Augusto Borges, chefe da Segunda Seção da 8ª RM. Extraído de: CARVALHO, 2019, p. 65.

[141] *Ibidem*, p. 65.

[142] Confidencial – Relatório Operação Cigana. Extraído de: CARVALHO, 2019, p. 66.

[143] Documento: SECRETO – Operação Araguaia/72 – Operação Papagaio. Relatório. Comando Militar do Planalto. Assinado pelo general-de-divisão Viana Moog, novembro de 1972. Extraído de: CARVALHO, 2019, p. 73.

[144] *Ibidem*, p. 73.

de inteligência do Exército realizaram missões para produzir informações sobre os grupos que atuavam na área. As produzidas pela Operação Sucuri — mapeamento dos guerrilheiros, seus destacamentos e pontos de apoio[145] — serviram de base para a Operação Marajoara, que fez parte da terceira campanha de combate à guerrilha realizada em outubro de 1973. A Operação Marajoara foi planejada pelo Comando Militar da Amazônia — 8ª Região Militar — com extensiva participação e cooperação do Centro de Informações do Exército (CIE). A direção operacional da Marajoara ficou sob a responsabilidade do Centro de Informação do Exército[146].

A sucinta descrição das operações antiguerrilha no Araguaia, com base nos relatórios de inteligência, confirma a nossa observação sobre a centralidade do conceito de operações de informações e nos leva à seguinte pergunta: como compreender as operações combinadas dos órgãos de informações com as forças militares regulares que foram montadas para combater as guerrilhas urbanas e rurais? Qual o significado do maior e direto envolvimento das tropas regulares com as operações de inteligência para conter a guerra revolucionária? Ganhou amplitude a estratégia de mobilização ideológica para fazer das Forças Armadas um instrumento permanente de luta na cruzada antissubverssiva. O conjunto das tropas militares, da alta hierarquia aos escalões inferiores, se distanciou significativamente das tradicionais atribuições militares quando passou a agir só em função de objetivos essencialmente políticos e direcionou grande parte de seus recursos e energias para exercer a repressão interna. Configurava-se, assim, um novo e inédito papel institucional para as Forças Armadas, conforme reconheceu o general Souto Malan no pronunciamento feito, no fim do ano de 1971, por ocasião da entrega da espada dos novos generais e na presença do então ministro do Exército, o general Orlando Geisel:

> Nos anos que se seguiram a 1964 avultaram, nas preocupações dos militares, aquelas relativas à segurança interna. De início, a empresa tão ingrata como necessária de localizar, neutralizar, punir elementos indesejáveis, cooperando na limpeza dos escombros da subversão, da incompetência e da corrupção. A par disso, a instrução antiguerrilha, logo

---

[145] Anexo B – Informações. Operação Sucuri. Extraído de: CARVALHO, 2019, p. 81.

[146] *Relatório Especial de Informações nº. 1/74*. Gabinete do Ministro. Ministério do Exército: Centro de Informações do Exército, Secreto. Extraído de: CARVALHO, 2019, p. 94.

> posta à prova em operações; a estruturação e exploração de um sistema de informações; a vigilância e a luta contra os subversivos [...]. Nessa luta, muitas atividades de cunho predominantemente policial tiveram que ser avocadas pelos militares, e ainda por eles continuam a ser executadas.[147]

O ponto central do discurso do general Malan se encontra na passagem do texto que aborda o acúmulo de funções, sobretudo as de caráter policial, assumidas pelos militares na área de segurança interna. A superação dessa questão exigia, segundo o general, que os organismos civis de segurança fossem reestruturados e equipados de forma que pudessem constituir "cada vez mais a linha de defesa ativa contra as investidas do movimento comunista internacional". Uma vez criadas essas condições estruturais para eliminar o inimigo interno, as Forças Armadas poderiam retomar as suas funções tradicionais. Como decorrência, o general avaliou que

> [...] está à vista o momento em que a existência de quadros civis suficientemente amplos, diversificados e capazes, permitirá aos militares concentrar-se no exercício de sua profissão na qual ninguém poderá substituir: a de soldado.[148]

O general Malan denominou esse processo de desengajamento controlado das Forças Armadas.

Os dirigentes militares apostaram todas as suas fichas na ampliação e fortalecimento do sistema de inteligência como o caminho para superar os impasses vividos pelo Estado, entre eles o comprometimento inédito das Forças Armadas para garantir a segurança interna. Com expressiva significação política, o pronunciamento do general alimentou expectativas de que havia setores do regime dispostos a redefinir as estratégias de segurança do Estado. Ele teve reflexos não só na imprensa, mas também entre os serviços de inteligência, conforme evidencia o documento encaminhado pela agência central do SNI e originalmente escrito pela inteligência do II Exército. O texto reproduziu o discurso do general e apresentou os vários significados extraídos dos comentários expostos pelos representantes da Arena e do MDB, como também dos representantes da imprensa. O texto da

---

[147] MALAN vê os civis capazes de assumir o poder. *Jornal do Brasil*, 15 dez. 1971, p. 3. Disponível em: https://news.google.com/newspapers?nid=0qX8s2k1IRwC&dat=19711215&printsec=frontpage&hl=pt-BR.

[148] *Ibidem*, p. 3.

inteligência assinala que os oposicionistas procuravam "encontrar no fato indícios de uma próxima abertura, em termos mais amplos, do processo política". Em contrapartida, o documento expõe de forma acentuada o sentido da fala do então presidente da Arena, deputado Batista Ramos, para quem o discurso do general enfatizou as questões militares, com foco no desengajamento das Forças Armadas, e considerou-o perfeitamente razoável, devendo processar-se gradativamente de acordo com o julgamento do presidente Médici. O representante partidário do regime avaliava ser possível, mas não provável, que o retorno do poder aos civis fosse imediato[149].

---

[149] Presidência da República. Serviço Nacional de Informações. Agência Regional de São Paulo. Encaminhamento s/n. SNI/ASP, 26 jan. 1972. Arquivo Nacional. Memórias Reveladas; Presidência da República. Serviço Nacional de Informações. Agência Central. Informação n.º 1061/ABSB/ SNI/1971, 29 dez. 1971. Arquivo Nacional. Memórias Reveladas. Disponível em: http://imagem.sian.an.gov.br/acervo/derivadas/br_dfanbsb_v8/ mic/gnc/aaa/72042588/br_dfanbsb_v8_mic_gnc_aaa_72042588_d0001de0001.pdf. Disponível em: http:// imagem.sian.an.gov.br/acervo/derivadas/br_dfanbsb_v8/mic/gnc/aaa/71042712/br_dfanbsb_v8_mic_gnc_ aaa_71042712_d0001de0001.pdf.

Capítulo V

INTELIGÊNCIA E JUSTIÇA MILITAR

A Justiça Militar foi o ramo do Judiciário que conferia legitimidade ao sistema de violência política comandado pelos serviços de inteligência, sobretudo após reestruturação institucional com o AI-5, quando a contenção da guerra revolucionária promovida pela esquerda armada se tornou a questão central para os dirigentes. Com nítido caráter ideológico, em consonância com a Doutrina de Segurança Nacional, a Justiça Militar deixou de julgar de fato e passou a expressar diretamente as estratégias do regime. Ganhou um caráter de justiça de exceção encarregada de eliminar pela via jurídica o inimigo interno. Constituiu-se no elo da cadeia repressiva que iniciava com a prisão dos opositores definida pelos órgãos de informações. Ocupou o lugar de instância que justificava em termos legais as detenções de opositores efetuadas pela polícia política.

A Justiça Militar tomou a forma de braço jurídico regime[150] durante o governo Castelo, quando o AI-2 de 1965 lhe atribuiu competência exclusiva em relação aos processos e aos julgamentos dos acusados de crimes contra a segurança nacional. Em palestra na ESG, o general Reinaldo Melo de Almeida explicou que a extensão do foro militar aos civis apoiado em dois fatos. Ele afirmou que fazia parte da tradição do direito brasileiro a competência da Justiça Militar para processar e julgar os crimes militares e contra a segurança nacional. Argumentou que a Justiça Militar era parte integrante dos órgãos do Poder Judiciário, exercia a jurisdição por força da norma constitucional e estava estruturada em caráter permanente[151].

Com o AI-2, o foro comum perdeu sua função para o foro militar nos casos relativos à segurança nacional. Como decorrência, o Superior Tribunal Militar (STM) sobrepôs-se ao Superior Tribunal Federal como

---

[150] LEMOS, Renato. Poder Judiciário e poder militar (1964-69). *In*: CASTRO, Celso; IZECKSOHN, Vitor; KRAAY, Hendrik (org.). *Nova história militar*. Rio de Janeiro: Editora FGV, 2004b. p. 409-438.

[151] ALMEIDA, Reinaldo Melo de. *Justiça Militar, organização e funcionamento*. Conferência pronunciada em 25 de setembro de 1980, na ESG. p. 7-8.

última instância do sistema judiciário. O AI-2 também dispôs sobre a composição do STM, que passou de 11 para 15 membros vitalícios, nomeados pelo presidente da República depois de aprovada a escolha pelo Senado Federal. A corte passou a contar com quatro ministros do Exército, três da Marinha, três da Aeronáutica e cinco civis.

A reestruturação político-institucional operada com o AI-2 acirrou as divergências em torno do papel que a Justiça Militar deveria desempenhar como parte integrante do Judiciário. Quando o presidente Castelo enviou ao Congresso o projeto de emenda constitucional que, entre outras medidas, ampliava a competência da Justiça Militar para processar e julgar os crimes de natureza política, o general Peri Bevilacqua marcou posição contrária à do governo. O ministro do STM considerou a medida inconstitucional, alegando que "o artigo 108 da Constituição Federal, em seu parágrafo 1º, diz claramente que serão julgados pela Justiça Militar somente os civis que atentarem contra a segurança externa do País ou as instituições"[152]. Além de se opor à medida que estendia aos civis o foro militar, o general Bevilacqua fez críticas ao modo como estavam sendo conduzidos os inquéritos policiais militares (IPMs) que apuravam as denúncias de corrupção e subversão. O ministro afirmou que a lei estava sendo atropelada, comprometendo "os ideais da Revolução". Declarou que estava em andamento a militarização da Justiça do país: "Estamos diante de uma soma de arbitrariedades e prepotências que se encastelaram nesses IPMs. Continuo a afirmar que os coronéis não têm importância para prender ninguém"[153].

A posição de Peri Bevilacqua no STM, argumenta Renato Lemos[154], expressou as contradições do regime por meio do posicionamento de um oficial militar considerado legalista, que participou do golpe de 64 em nome da democracia. Sua atuação adquiriu um caráter político, refletindo no campo jurídico os conflitos entre facções militares quanto aos rumos que deveria tomar o processo autoritário. O general do Exército presidiu o STM

---

[152] CASTELO Branco já enviou ao Congresso nova emenda constitucional. *Jornal do Brasil*, 14 out. 1965, p. 3.

[153] SUPERIOR Tribunal Militar quebra incomunicabilidade de acadêmico preso há 20 dias. *Jornal do Brasil*, 24 dez. 1965, p. 3.

[154] LEMOS, Renato (org.). O general juiz Peri Constant Bevilaqua. *In*: LEMOS, R. (org.). *Justiça fardada*: o general Peri Bevilacqua no Superior Tribunal Militar (1965-1969). Rio de Janeiro: Bom Texto, 2004a. Disponível em: https://lemp.historia.ufrj.br/wp-content/uploads/2019/07/Justica_fardada_Introducao.pdf.

de fevereiro de 1965 a janeiro de 1969. Ele vivenciou plenamente a fase de mudanças iniciadas com o AI-2, que foram ampliadas com o AI-5 e com a nova Lei de Segurança Nacional de 1969. O general Bevilacqua defendeu no STM a concessão de anistia política para os que sofreram punições revolucionárias e opôs-se à Lei de Imprensa instituída no governo Castelo. Promoveu campanhas, nos julgamentos dos processos e pela imprensa, contra a instrumentalização política dos IPMs — a "bolchevização da Justiça". Além de conceder habeas corpus, remeteu de volta à primeira instância os processos sem culpa formada ou que não evidenciassem ter sido garantido plenamente ao réu o direito de defesa[155].

O AI-2 foi um marco divisor no sentido de adequar a Justiça Militar aos conceitos originados da Doutrina de Segurança Nacional, que norteavam a institucionalização do regime. A pesquisa de Angela Silva[156] mostra que os processos envolvendo crimes contra a segurança nacional atingiriam em grande volume o trabalho do STM somente a partir de 1969, quando a Justiça Militar vivenciava a segunda fase de sua institucionalização, estabelecida pela edição do AI-5. O ato suspendeu a garantia ao habeas corpus para todos os casos de crime contra a segurança nacional e ratificou a jurisdição da Justiça Militar sobre os crimes políticos. O que esperar do STM nos julgamentos dos acusados de crimes políticos, sob o clima de recrudescimento da militarização com o AI-5 e de medidas repressivas que foram incorporadas na Lei de Segurança Nacional de 1969?

Segundo o ministro general Adalberto Pereira dos Santos, ao tomar posse em abril de 1969, a nova LSN seria um instrumento de proteção à democracia, contra as forças de oposição insurgentes.

> O Brasil vive hoje um dos momentos decisivos de sua evolução; vive os episódios dramáticos da revolução brasileira, que visa a transformar-nos em país moderno [...]. Porque é momento de mudança – é momento também de resistência ao avanço, de forças e pressões contrárias que sempre estiveram presentes nas eras de evolução. [...] Sábia, portanto, é a Lei de Segurança que, sem contestar as forças e pressões internas idôneas, tão necessárias ao progresso material e moral do país, procura dar uma maior proteção às práti-

---

[155] *Ibidem.*
[156] SILVA, 2011, p. 95.

> cas da democracia, sob cuja égide uma ideologia adversa se infiltrou nas estruturas do Estado e submeteu-nos aos riscos dos idos de 1964.[157]

Na interpretação do almirante Otávio José Sampaio Fernandes, ministro do STM de 1974 a 1984, cabia à instituição aplicar a "legislação de segurança nacional". Em palestra realizada na ESG, o oficial militar definiu que crime político correspondia tanto a uma agressão da "própria segurança interna ou externa do Estado" como seria também "todo e qualquer ato ilícito dirigido contra a organização política e social de um determinado país". Ambas as conceituações, segundo o almirante Otávio Fernandes, estavam contempladas pela Lei de Segurança Nacional[158]. Ao tomar posse como ministro, o almirante Otávio Fernandes afirmou que ao STM competia não apenas julgar crimes militares, mas também "zelar pela segurança nacional, entendida como expressão da manutenção da integridade e continuidade da pátria". Na visão do oficial militar, havia uma "sistemática campanha do comunismo internacional que, sob os mais diferentes disfarces, mistificava, espalhava meias-verdades, confundia os espíritos e anulava a vontade dos povos"[159]. Seu pensamento é compatível com as mudanças operadas no Judiciário, que transformaram a Justiça Militar em órgão complementar do aparato de inteligência militar com a finalidade de encobrir e justificar os violentos métodos aplicados para neutralizar a guerra revolucionária promovida pelos movimentos de esquerda.

Informações divulgadas pela Comissão Nacional da Verdade revelam que o almirante Otávio Fernandes era o comandante do I Distrito Naval no ano de 1970, quando teve início a escalada de assassinatos dos opositores do regime. No organograma da repressão e no mapa dos centros de tortura apresentados pela Comissão Nacional da Verdade, o I Distrito Naval fez parte, com o Cenimar, do esquema repressivo comandado pelo Codi[160]. Dessa forma, temos a evidência de um oficial militar de alta patente que

---

[157] Arquivo do STM, Atas das Sessões do STM, 11ª sessão, 16 abr. 1969, p. 37. Extraído de: SILVA, 2011, p. 95.

[158] FERNANDES, Octávio José Sampaio. *O Superior Tribunal Militar e a legislação de Segurança Nacional*. Conferência proferida em 6 de junho de 1984, na ESG. p. 9, 33.

[159] FERNANDES, Otávio José Sampaio. *In*: ABREU, Alzira Alves de Abreu *et al.* (coord.). *Dicionário histórico biográfico brasileiro*. Rio de Janeiro: FGV/CPDOC, 2001. p. 2.141.

[160] Agência Estado, 21 maio 2013. Disponível em: http://politica.estadao.com.br/noticias/geral,presidente-ordenou-exterminio-na-ditadura-diz-comissao,1034172.

esteve diretamente articulado com as operações de inteligência e, em seguida, assumiu o papel de julgar os opositores do regime ao ocupar o cargo de ministro do STM durante a fase de liberalização do governo Geisel.

Ainda que imaginemos um quadro repleto de condenações com o início do período mais repressivo do regime, o tribunal militar mais absolveu do que condenou os réus julgados por crimes políticos. Segundo Angela Silva[161], em 1969 foram 211 absolvições e 150 condenações, enquanto em 1970 os casos somaram 435 absolvições e 108 condenações. Embora o STM tenha absolvido mais do que condenado, em 1969, as condenações representaram 33,33% do total de casos julgados como justiça do regime. A simples aplicação da sanção, segundo a autora, permite avaliar o tribunal como um espaço jurídico de reprovação à oposição contra o regime[162].

A partir de 1969, houve um aumento significativo de réus julgados pelo STM. Angela Silva observa que a quantidade de réus julgados por crimes contra a segurança nacional aumentou vertiginosamente, e, entre 1969 e 1978, 3.607 réus foram julgados à luz das Leis de Segurança Nacional. Os crimes políticos mais recorrentes giraram em torno de associação ou manutenção de partido ilegal, que representaram 38,83% das denúncias feitas pelo Ministério Público Militar. Até 1978, os crimes de assalto a banco, propaganda subversiva e incitamento apareceram em grande número na pauta de julgamentos do tribunal, conforme as Leis de Segurança Nacional foram sendo editadas, resultando na intensidade das sanções aplicadas. Foram aplicadas as seguintes penas entre 1969 e 1978: 10 anos de reclusão para 140 réus; entre 11 e 15 anos para 127 réus; entre 16 e 20 anos para 14 réus; entre 24 e 30 anos para 17 réus; entre 40 e 54 para 4 réus; e prisão perpétua para 12 réus. A pesquisa sugere que, no plano quantitativo, o rigor punitivo do STM acompanhou o recrudescimento político do regime após 1968, assim como a diminuição das punições correspondeu ao período de liberalização iniciado em 1974. A aplicação de severas penas para crimes previstos na LSN, indicando a ocorrência de julgamentos rigorosos, foi a contrapartida à tendência seguida pelo STM, como justiça do regime, de absolver mais do que condenar[163].

---

[161] SILVA, 2011, p. 130.

[162] *Ibidem*, p. 130.

[163] *Ibidem*, p. 189-210.

Reconhecida como autoridade legal para as Forças Armadas, a Justiça Militar ganhou um sentido essencialmente político. Além de possuírem um caráter abertamente repressivo que visava intimidar e desmobilizar as forças oposicionistas, os julgamentos nos tribunais militares representavam uma forma de comunicação à sociedade de que seriam altos os custos para aqueles que assumissem a contestação ao regime. Antony Pereira[164] apresenta uma análise dos processos políticos ocorridos na Justiça Militar. Milhares de réus foram levados a julgamento por crimes políticos e 7.367 recorreram ao STM, no período de 1964 a 1979. Esses réus foram acusados de um total de 11.750 crimes, dos quais a maior parte se referia à participação em organizações proscritas por lei (42%). Conforme os dados publicados, mais da metade das acusações referia-se a crimes de filiação ou participação em grupos ou movimentos de oposição ao regime militar. As acusações que tratavam de ação armada ou violenta somavam apenas 12,5%. Dessa forma, observa-se a correspondência entre as acusações de crimes contra a Segurança Nacional e o conceito formulado pelo jurista Mário Pessoa sobre crime político, conforme sua palestra na ESG:

> O crime político de hoje, nas áreas em desenvolvimento ou subdesenvolvimento, é geralmente o crime ligado ao Movimento Comunista Internacional. Assim quando se fala em Segurança Nacional evidentemente alude-se ao mesmo tempo a lutas civis, guerrilhas ou guerra externa, a movimentos de massa ou greves políticas, a conspiração de todo e qualquer tipo contra a ordem democrática.[165]

Ao analisar os cidadãos atingidos por processos políticos de 1964 a 1979 acusados de envolvimentos com organizações clandestinas, o *Projeto Brasil: Nunca Mais* identificou quase 50 agrupamentos de esquerda aos quais eles pertenciam[166]. Eles representaram a parte mais desafiadora do

---

[164] PEREIRA, 2010, p. 128.

[165] PESSOA, Mário; MAGNO, Raymundo Fernando Pantoja; SOUZA E SILVA, Jorge Boaventura. *A legislação brasileira e a segurança nacional.* Rio de Janeiro: ESG, 1967. p. 8.

[166] Na análise da história e da linha política de cada um dos agrupamentos atingidos pela ação jurídica repressiva, a pesquisa estabelece como referência da esquerda o PCB, criado em 1922, do qual se originou no início dos anos 1960, por uma cisão interna, a dissidência denominada PCdoB. Surgiu também nesse momento a Ação Popular (AP) de origem cristã, a Organização Revolucionária Marxista Política Operária (Polop) e o partido trotskista denominado Port (Partido Operário Revolucionário). O *Projeto Brasil: Nunca Mais* revela que, após a cisão do PCB, ocorrida no 6º Congresso, em 1967, cerca de 10 mil membros do partido acompanharam Carlos Marighella, dirigente responsável pela formação da ALN. Outros 5 mil seguiram Mario Alves e Apolônio de Carvalho, que estruturaram a "Corrente Revolucionária", dando origem ao PCBR. E outros 5 mil se organizaram em inúmeras dissidências, como o MR-8, a Dissidência Universitária de São Paulo, a Corrente de Minas Gerais, a Dissidência de Brasília, a Dissidência Leninista do Rio Grande do Sul (ARQUIDIOCESE DE SÃO PAULO. *Projeto Brasil: Nunca Mais*, 1985, p. 9-136).

processo de institucionalização do regime, já que sua atuação alimentava os argumentos favoráveis à eterna permanência do Estado repressivo, apoiado na legalidade de exceção e dependente da intervenção direta das Forças Armadas. Os grupos de esquerda compartilhavam a ideia de construir uma sociedade socialista, em que os meios de produção seriam dirigidos e controlados por um Estado apoiado pelas camadas trabalhadoras urbanas e rurais. Agiam de forma organizada e disciplinada, constituindo um verdadeiro exército de militantes dedicados à contestação do regime político e sua base econômica capitalista. Além disso, uma grande parte de seus integrantes, estudantes, professores, intelectuais, jornalistas, militares, trabalhadores, entre outros, provinha de famílias de classe média, com capacidade de construir uma imagem negativa do regime na opinião pública nacional e internacional. Exerceram influência em momentos marcantes, como nos protestos de 1968, na derrota eleitoral do regime em 1974 e no processo de democratização do país. As organizações de esquerda constituíram os verdadeiros inimigos internos do regime, seja na fase de recrudescimento do militarismo de Estado, quando aderiram à luta armada, seja na fase de liberalização, quando agiram por vias legais institucionais. Tornaram-se, portanto, o foco das ações dos serviços de inteligência, bem como da repressão jurídica representada pelos órgãos da Justiça Militar e, em particular, pelo STM.

Mariana Joffily descreve a cadeia repressiva a que era submetida um detido suspeito de crime de subversão. Faziam parte dos procedimentos investigativos realizados pelo inquérito os interrogatórios clandestinos realizados no DOI e os oficiais efetivados posteriormente no Dops. Aos interrogatórios se somavam os depoimentos das testemunhas, os resultados das operações de busca e apreensão de objetos e documentos, além das evidências levantadas pelas perícias e vistorias. O relatório de conclusão das investigações indicava as leis nas quais se enquadravam os culpados. A fonte principal dos elementos de culpabilidade dos acusados assentava-se nos interrogatórios. Em seguida, o inquérito era remetido ao procurador do Ministério Público, que se apoiava frequentemente nos interrogatórios dos presos políticos para formar sua convicção e decidir sobre uma denúncia ao juiz. Com a denúncia feita pela Justiça Militar, iniciava-se o processo judicial, e o julgamento dos réus era feito pelo

Conselho Permanente de Justiça (CPJ). Após a decretação da sentença pelo CPJ, o Ministério Público e a defesa tinham o direito de recorrer ao STM e, finalmente ao STF[167].

Angela Silva sustenta que o STM apresentou ampla tendência, entre 1964 e 1980, de concordar e reproduzir as sentenças das auditorias militares, em 68,63% dos casos de crimes políticos. Embora tenha havido redução das penas em 29% dos casos, o tribunal continuou muito rigoroso[168]. Entretanto, havia no interior do regime a percepção de que o STM possuía um caráter brando na aplicação das sanções, constituindo-se em uma instância com forte tendência para absolver mais do que condenar os réus acusados de subversão, julgados à luz da Lei de Segurança Nacional. Documento encaminhado ao SNI pelo Ministério da Justiça confirma essa observação. Ele reproduz o conteúdo da pesquisa desenvolvida pelo Ministério Público da União junto à Justiça Militar que foi encaminhada ao Ministério da Justiça. Apresenta os mapas estatísticos, do período entre 1967 e 1974, sobre o número das pessoas acusadas de subversão e julgadas nas Auditorias Circunscricionais, com recursos apreciados pelo Superior Tribunal Militar. A pesquisa demonstra

> [...] que o número de absolvição é superior ao dos condenados, não obstante os esforços dos representantes do Ministério Público da União junto à Justiça Militar, no sentido de tentarem provar a existência de todos os elementos que caracterizam a infração penal.[169]

Nessa linha de argumentação, foi produzido o documento da Agência do SNI do Rio de Janeiro intitulado "Levantamento de todas as penas impostas por auditorias que tiveram redução no STM", datado de agosto de 1971. O documento tem 25 páginas e faz um levantamento das penas impostas pelas auditorias militares e as que foram reduzidas pelo STM, além de registrar o número de absolvições nas 55 seções de março a julho de 1971. Após expor os dados e fazer as comparações entre as decisões das duas instâncias jurídicas, o texto discorre sobre o que chama de conside-

---

[167] JOFFILY, 2008, p. 93-94.

[168] SILVA, 2011, p. 210.

[169] Presidência da República. Serviço Nacional de Informações. Gabinete. Memo n.º 1584/SI-Gab. Brasília, 22 jul. 1975. Arquivo Nacional. Memórias Reveladas. Disponível em: http://imagem.sian.an.gov.br/acervo/derivadas/br_dfanbsb_v8/mic/gnc/aaa/75085929/br_dfanbsb_v8_mic_gnc_aaa_75085929_d0001de0001.pdf.

SERVIÇO NACIONAL DE INFORMAÇÕES E APARELHOS DO ESTADO POLICIAL

rações conclusivas. Argumenta que as decisões do STM no julgamento dos processos envolvendo crimes contra a segurança nacional eram motivos de críticas sobretudo dos meios militares, resultando em grande fluxo de informes e reflexões a respeito da conduta dos juízes que compunham a Corte, "não faltando insinuações quanto à honorabilidade e, até mesmo dúvidas, quanto as suas convicções revolucionárias". Pondera, entretanto, que as penas que tiveram redução no STM não apresentavam "a gravidade que tem sido propalada, se considerarmos o elevado número de acusados que são ali Julgados". Em seguida, passa a analisar os fundamentos das decisões do tribunal e sugere que havia grande influência dos juízes civis togados em relação aos militares leigos sobre o modo como eram abordados os assuntos da justiça. Com base na observação de que nem todas as decisões eram unânimes, investiga "a conduta de cada um dos juízes, em particular, e não do tribunal como um todo", esperando extrair desse procedimento uma explicação mais precisa sobre a atuação da corte militar.

O documento do SNI interpretou as divergências jurídicas como disputas entre correntes políticas em torno da aplicação da Lei de Segurança Nacional, o que refletia o processo de ideologização sofrido pela Justiça Militar. Dessa forma, o texto avalia que o STM estava dividido em dois grupos quanto aos seus integrantes. O primeiro, denominado de rigoroso, ganhou uma conotação positiva, enquanto o segundo recebeu um sentido negativo ao ser caracterizado como benevolente. Entre os ministros militares do primeiro grupo, constavam os ministros Jacy Pinheiro (civil), Nelson Sampaio (civil), Carlos Alberto Huet de Oliveira Sampaio (Aeronáutica), Syseno Sarmento (Exército), Bizarria Mamede (Exército), Augusto Fragoso (Exército) e Adalberto Pereira dos Santos (Exército). No segundo grupo, encontravam-se os ministros Alcides Carneiro (civil), Amarílio Salgado (civil), Waldemar Torres da Costa (civil), Gabriel Grun Moss (Aeronáutica) e Mario Cavalcanti (Marinha).

Após afirmar que analisou a trajetória profissional de cada um dos integrantes dos dois grupos, o SNI passa a apresentar de forma sintética suas conclusões que justificavam ideologicamente os posicionamentos dos ministros. As condutas dos ministros civis Jaci Pinheiro (civil) e Nelson Sampaio (civil), que pertenciam ao primeiro grupo, são explicadas pelo fato de terem ocupado anteriormente o cargo de procurador-geral da República e suas nomeações serem condicionadas ao rigor e à identificação com os fundamentos revolucionários. Já os ministros Oliveira Sampaio,

99

Syseno Sarmento e Augusto Fragoso seriam recém-nomeados e chegados ao momento em que as críticas ao STM já haviam sido formuladas. Adalberto Pereira dos Santos e Bizarria Mamede, os mais antigos, são vistos como membros que atuavam com firmeza e davam continuidade às suas convicções.

Entre os ministros que pertenciam ao segundo grupo, o documento destaca a conduta de Alcides Carneiro, identificado como "velho e experiente e militante da política, considerado no STM o maior orador vivo do Brasil e muito ligado aos meios intelectuais". Já o ministro Amarílio Salgado, que teria vindo das funções de subprocurador-geral, apresentava, no "seu prontuário, o seguinte registro: não sintoniza com a linha revolucionária". Waldemar Torres da Costa é identificado como mais rigoroso somente quando atuava como ministro convocado. O ministro Mario Cavalcanti estaria sofrendo influência do ministro Waldemar Torres, que eram vistos juntos analisando processos. Grun Moss é reconhecido como estudioso dos assuntos relacionados à Justiça Militar, condição que explicaria a postura exigente com relação aos processos, "não deixando de vetar todo e qualquer enquadramento que não esteja em consonância com os dispositivos reguladores, o que normalmente beneficia o acusado"[170].

Se o documento do SNI pouco contribui para mapear o campo ideológico dos integrantes do STM, ele é significativo, entretanto, como evidência de que, independentemente do posicionamento de cada um dos dois grupos, todos os ministros eram monitorados pelos órgãos de informações. O documento produzido pelo SNI é uma comprovação de que a Justiça Militar, incluindo o STM, era alvo de vigilância dos serviços secretos que exerciam pressão em favor de sentenças austeras aplicadas nos casos dos processos políticos. Fossem membros do primeiro ou do segundo grupo, fossem oficiais militares pertencentes ao Exército, à Marinha ou à Aeronáutica ou juízes pertencentes ao mundo civil, os ministros do STM eram permanentemente avaliados de acordo com as decisões nos julgamentos políticos que envolviam, sobretudo, os militantes da esquerda das organizações revolucionárias[171].

---

[170] Presidência da República. Serviço Nacional de Informações. Agência do Rio de Janeiro. Informações n.º 62/71/ARJ/SNI, 6 ago. 1971. Arquivo Nacional. Memórias Reveladas. Disponível em: http://imagem.sian.an.gov.br/acervo/derivadas/br_dfanbsb_v8/mic/gnc/aaa/71060850/br_dfanbsb_v8_mic_gnc_aaa_71060850_d0001de0001.pdf.

[171] *Ibidem.*

Não só o SNI produziu documentos críticos sobre a trajetória do STM. O mesmo teor pode ser encontrado nos relatórios de inteligência disseminadas pelos órgãos de informações das Forças Armadas. Ilustra essa observação o documento confeccionado pelo Estado-Maior do Exército, datado de novembro de 1971, com difusão para o CIE e SNI, segundo o qual "Diariamente é tornado público decisões do STM que anulam ou reduzem penas impostas pelas Auditorias a conhecidos subversivos". As decisões do STM, assinala o texto, "além de trazer inquietação à área militar, prestam-se a exploração no meio civil, justificando campanha de descredito à Revolução e aos órgãos de informações e repressão"[172].

As decisões do STM nos julgamentos de militantes oposicionistas e representantes das esquerdas constituíam apenas uma das questões relacionadas à atuação da Justiça Militar que foi alvo de críticas dos serviços de inteligência. As decisões tomadas pelas auditorias militares, que eram os órgãos de primeira instância, faziam parte dos temas abordados pelos serviços de inteligência. Documento do SNI datado de agosto de 1971, por exemplo, considerou leniente a atuação das auditorias militares onde, segundo o órgão de inteligência, ocorriam grande número de absolvições. O SNI atribuiu duas circunstâncias que explicariam a atuação do tribunal, conforme documento divulgado para o sistema de inteligência.

> A primeira diz respeito ao fato de vários processos, principalmente os de subversão, serem iniciados por um Conselho que procede à qualificação dos acusados até a parte final do processo, ou seja, da inquirição das testemunhas. Ao chegar a data do julgamento, o Conselho já foi substituído, sendo os indivíduos Julgados por um Conselho que não "sentiu" o problema, tendo somente para julgar, os dados constantes dos autos, sendo portanto um grande "handicap" para os acusados e advogados de defesa.
>
> A segunda circunstância diz respeito à feitura dos IPMs que são apresentados com incrível quantidade de falhas, de tal forma que o Conselho não encontra outra alternativa senão absolver os acusados por falta de provas irrefutáveis que os incriminem.[173]

---

[172] Ministério do Exército. Estado-Maior do Exército. 2ª Seção. Informação n.º 727/71-E2.2. Brasília, 24 nov. 1971. Arquivo Nacional. Memórias Reveladas. Ministério da Justiça e Segurança Pública. Disponível em: http://imagem.sian.an.gov.br/acervo/derivadas/br_dfanbsb_v8/mic/gnc/aaa/71041084/br_dfanbsb_v8_mic_gnc_aaa_71041084_d0001de0001.pdf.

[173] Presidência da República. Serviço Nacional de Informações. Agência do Rio de Janeiro. Informações n.º 62/71/ARJ/SNI, 6 ago. 1971. Arquivo Nacional. Memórias Reveladas. Disponível em: http://imagem.sian.an.gov.br/acervo/derivadas/br_dfanbsb_v8/mic/gnc/aaa/71060850/br_dfanbsb_v8_mic_gnc_aaa_71060850_d0001de0001.pdf.

Com efeito, os serviços de inteligência militares ressaltavam que o modo como eram encaminhados os IPMs tinha consequências sobre as decisões tomadas pela Justiça Militar no sentido de conter a subversão. Como exemplo, citemos um documento originado no Estado-Maior da Armada. Ele informava que vários IPMs na área do estado da Guanabara envolvendo o Partido Comunista Revolucionário Brasileiro (PCRB), a Ação de Libertação Nacional (ALN), a Dissidência da Guanabara do PCB, e a Vanguarda Popular Revolucionária estavam sendo conduzidos por encarregados que não conheciam com profundidade as atividades das organizações a que pertenciam os arrolados e suas implicações políticas, no que se refere aos crimes contra a segurança nacional. O texto revela a preocupação do SNI com os depoimentos e conclusões dos IPMs, nos quais se notava a carência de dados condenatórios, essenciais ao trabalho da Justiça Militar. Dessa forma, finaliza o documento, subversivos perigosos deixavam de ser enquadrados, ou o eram superficialmente, na Lei de Segurança Nacional, o que acarretava sua absolvição ou condenação mínima[174].

As decisões que absolviam ou reduziam as penas de militantes acusados de subversão, assim como as que condenavam, eram assuntos dos relatórios de informações produzidos periodicamente pelo CIE e se enquadravam no item intitulado "Vulnerabilidades no campo psicossocial que afetam a manutenção das Instituições, da Lei e da Ordem"[175]. As absolvições eram interpretadas como empecilhos ao trabalho de combate à subversão, conforme documento do CIE, com difusão para a DSI do Ministério da Justiça, que faz críticas à atuação de um juiz auditor da 5ª CJM nos julgamentos de militantes participantes de organização revolucionária. O juiz teria tido uma "atitude sensivelmente tendente à absolvição dos mesmos, alheia a qualquer apreciação sobre a atuação na linha da subversão por parte dos réus e indiciados". O documento relata que o juiz fez críticas, perante os membros do Conselho, ao trabalho realizado pelo encarregado do inquérito, considerando-o falho e

---

[174] Presidência da República. Serviço Nacional de Informações. Informações n.º 409/ARJ/SNI/70, 12 jun. 1970. Arquivo Nacional. Memórias Reveladas Disponível: http://imagem.sian.an.gov.br/acervo/derivadas/ br_dfanbsb_v8/mic/gnc/aaa/70018503/br_dfanbsb_v8_mic_gnc_aaa_70018503_d0001de0002.pdf.

[175] Presidência da República. Serviço Nacional de Informações. Agência Central. Informação n.º 026179, dez. 1972. Arquivo Nacional. Memórias Reveladas. Ministério da Justiça e Segurança Pública. Disponível em: http:// imagem.sian.an.gov.br/acervo/derivadas/br_dfanbsb_v8/mic/gnc/aaa/72054297/br_dfanbsb_v8_mic_gnc_ aaa_72054297_d0001de0001.pdf.

possuidor de erros. O documento informa ainda que o auditor, antes da sessão, procurou convencer o presidente do conselho da decretação da liberdade dos réus indiciados no inquérito. O CIE conclui que fatos dessa natureza dificultavam o "trabalho dos órgãos de informações na área que não encontram receptividade e apoio por parte da Auditoria da 5ª CJM durante o desenvolvimento dos processos"[176].

O acompanhamento dos processos judiciais dos acusados de crimes de subversão constituía, portanto, uma das tarefas da inteligência militar, conforme o documento do CIE datado de agosto de 1971, com difusão para o SNI, Cenimar e DSI do Ministério da Justiça, que aborda o despacho de um procurador substituto da 3ª Auditoria da 1ª Circunscrição Judiciária Militar. O documento faz uma longa análise do despacho relacionado ao processo dos acusados de pertencerem ao MR-8 e conclui que ele "prejudicava a repressão à subversão e ao terrorismo" e minimizava o papel da Justiça Militar. O CIE resumiu a argumentação nos seguintes pontos[177]:

1. *O contexto do documento como um todo é uma verdadeira defesa aos acusados no que diz respeito a pertencer a organizações políticas clandestinas.*

2. *Demonstra ou tenta demonstrar a total falta de coordenação dos órgãos da repressão, inclusive insinuando lições de "como tratar um fato delituoso" quando fala na "ocorrência" policial.*

3. *Esboça uma associação do "inconformismo político" do jovem ao fato do "pertencer a organização política clandestina".*

4. *Esboça a ideia de que a confissão, mesmo apoiada por outros depoimentos não tem mais valor jurídico.*

5. *Insinua a desnecessidade de IPM para apurar o fato de alguém participar de organização subversiva [...].*[178]

---

[176] Ministério do Exército. Gabinete do Ministro, CIE. Informação n.º 2195 – S/102-M3-CIE, 23 ago. 1972. Arquivo Nacional. Memórias Reveladas Disponível: http://imagem.sian.an.gov.br/acervo/derivadas/br_dfanbsb_v8/mic/gnc/aaa/72049003/br_dfanbsb_v8_mic_gnc_aaa_72049003_d0001de0001.pdf.

[177] Ministério do Exército. Gabinete do Ministro. CIE. Informação n.º 71/E-102-CIE, 10 ago. 1971. Arquivo Nacional. Memórias Reveladas. Disponível em: http://imagem.sian.an.gov.br/acervo/derivadas/br_dfanbsb_v8/mic/gnc/aaa/71041639/br_dfanbsb_v8_mic_gnc_aaa_71041639_d0001de0001.pdf.

[178] *Ibidem.*

As evidências até aqui expostas sugerem a ocorrência de constantes e intensos conflitos entre as áreas da inteligência e as da Justiça Militar, cujas decisões estariam causando não só descrédito aos órgãos de informações que ocupavam a linha de frente do combate às contestações do regime e definiam os alvos políticos a serem eliminados. A inteligência informava que havia um sentimento de insegurança provocado pela libertação de militantes considerados subversivos, conforme assinala o documento endereçado ao secretário-geral do CSN e assinado pelo então chefe do SNI, general Carlos Alberto Fontoura. Com base no relatório da Comunidade de Informações realizada no I Exército em 27 de janeiro de 1972, o general Fontoura ressaltou o fato de que "escalões subordinados" dos órgãos de informações, que combatiam diretamente os grupos adeptos da luta armada, sentiam-se ameaçados, com suas famílias, em decorrência das leves penas promulgadas pela Justiça Militar a que estavam sendo condenados os "terroristas e subversivos, dando oportunidade a que estes, em curto prazo, possam levar a cabo ações de represália contra aqueles que o combatem"[179].

Quais teriam sido os efeitos das investidas feitas na Justiça Militar pela inteligência? É uma questão a ser analisada, sobretudo se considerarmos que o ambiente de guerra psicológica, que abrangia tanto a sociedade como o Estado, provocava efeitos intimidadores no comportamento dos atores políticos. De todo modo, convém assinalar a seguinte observação. As ingerências no funcionamento do aparato jurídico, manifestadas em ações discursivas contundentes no trato com seus integrantes, questionando decisões, divulgando conteúdos críticos e constrangedores, bem como avaliando o seu comprometimento com os ideais da Revolução, conforme os termos dos documentos de inteligência, revelam o emprego de uma estratégia de pressão ideológica para que os tribunais militares adotassem nos casos dos julgamentos políticos uma interpretação rigorosa da Lei de Segurança Nacional. Os órgãos de informações viam nas severas penas dadas pela Justiça Militar aos representantes das forças de esquerda uma forma de reconhecimento do trabalho da inteligência como peça central para conter a guerra revolucionária e viabilizar a institucionalização do modelo político vigente.

---

[179] Presidência da República. Serviço Nacional de Informações. Gabinete. Memorando n.º 0246 SI-GAB, Brasília, 24 fev. 1972. Arquivo Nacional. Memórias Reveladas. Disponível em: http://imagem.sian.an.gov.br/acervo/derivadas/br_dfanbsb_v8/mic/gnc/aaa/72045636/br_dfanbsb_v8_mic_gnc_aaa_72045636_d0001de0001.pdf.

Capítulo VI

INTELIGÊNCIA E CENSURA

Da perspectiva militar da ESG, a censura é considerada um instrumento legítimo do Estado e deveria estar assentada numa política de Segurança Nacional. Trabalho apresentado na instituição por um oficial militar argumentou que a censura constitui uma forma de "vigilância exercida sobre os meios e órgãos de comunicação" e cumpre o papel de "evitar que informações de valor para a segurança nacional cheguem ao conhecimento dos adversários". Definida como uma atividade de contrainformação, a censura deve interceptar comunicações entre grupos de pessoas hostis à Segurança Nacional, assim como deve "neutralizar, diminuir ou mesmo impedir as notícias que possam prejudicar ou influenciar o moral ou a opinião pública desfavoravelmente à Segurança Nacional". Para cumprir suas finalidades, assinalava o documento da instituição militar, "a censura deve agir em todos os campos do Poder Nacional" e "ser estruturada em nível governamental elevado", sob a responsabilidade do "Serviço de Informação Nacional"[180].

A proposição que colocava as atividades de censura sob a responsabilidade da área de inteligência ganha significado, se compreendida no ambiente político da época e de acordo com a importância que os meios de comunicação tomaram para a formação da opinião pública brasileira. Estamos considerando os jornais, os rádios, as revistas e principalmente a televisão, que foi introduzida no início dos anos 1950. Inicialmente restrita a um reduzido número de telespectadores e predominantemente local, a televisão expandiu seu raio de ação e superou o rádio como o meio por excelência de comunicação para um público de massa. A imprensa, por sua vez, sempre teve uma história marcada pela forte influência sobre as elites políticas ao longo da história republicana. Nas primeiras décadas do século XX, a imprensa se afirmou como empresa jornalística. Presente nas

---

[180] MONTEIRO, Sady Magalhães; CAVALCANTE, Roberto Julião. *A censura em face da Segurança Nacional*. Rio de Janeiro: ESG, 1963.

capitais e em diversos municípios do país, com maior concentração nas regiões Sul e Sudeste, de maior dinamismo econômico, a imprensa jogou um papel decisivo na legitimidade dos governos, como já demonstraram diversos estudos dos processos políticos transcorridos durante todo o período republicano. A modernização da imprensa, que ocorreu desde o pós-guerra, transformou algumas empresas jornalísticas em poderosas organizações privadas com capacidade de difundir suas mensagens para um considerável público instruído de classe média e alta.

No contexto da Guerra Fria e disputas ideológicas entre EUA e União Soviética, os meios de comunicação passaram a ocupar um lugar estratégico na percepção da inteligência militar identificada com a DSN. Eles eram vistos como um setor prioritário por intermédio do qual o Estado deveria agir para neutralizar a expansão da guerra psicológica comunista. Isso explica por que os veículos de comunicação, do ponto de vista do conceito de segurança nacional, se tornaram um tema discutido na ESG, instituição que agregava civis e militares. Um dos pioneiros nesse campo de reflexão foi o jornalista Rogério Marinho, representante das Organizações Globo, que havia apoiado o golpe de 1964. Na perspectiva de Rogério Marinho, a aplicação do conceito de segurança nacional na área das comunicações deveria resultar de um trabalho conjunto do Estado com os representantes da imprensa privada, desde que preservados os princípios liberais. Ao se formar pela ESG no ano de 1965, o empresário apresentou o trabalho intitulado *Estudar o papel da imprensa falada e escrita na formação da opinião pública e suas implicações com a Segurança Nacional*. Ele assinalou que era "enorme a importância da imprensa para garantir a segurança nacional, principalmente como formadora da opinião pública". Diante da possibilidade de uma ação disciplinadora por parte dos responsáveis pela segurança nacional, o jornalista sugeriu o caminho do "entendimento hábil" com "a imprensa, escrita e falada", que viabilizasse "uma perfeita coordenação de esforços permanentes ou eventuais, para que sem ferir os sagrados princípios da liberdade, a imprensa preste ainda maiores serviços a Pátria"[181].

---

[181] MARINHO, Rogério. *Estudar o papel da imprensa falada e escrita na formação da opinião pública*: e suas implicações com a Segurança Nacional. Rio de Janeiro: ESG, 1965.

A proposta de cooperação entre imprensa e Estado, com a preservação do conceito de liberdade, também foi defendida pelo procurador José Moraes Rego Costa, ao apresentar na ESG em 1966 o trabalho intitulado *A imprensa, as informações e a Segurança Nacional*. Para agir em proveito da Segurança Nacional, "a imprensa pode cooperar com os poderes constituídos em favor da manutenção do império da lei [...] exercendo a atividade fiscalizadora das medidas governamentais". Na concepção do autor, "as páginas dos jornais, os programas de rádio e televisão" são considerados "veículo substancial para o exercício desse gênero de cooperação privada com as autoridades" para a manutenção da ordem pública[182].

Embora no governo Castelo Branco já houvesse restrições à liberdade de expressão, conforme a Lei de Imprensa instituída em 1967, foi após o AI-5, com o recrudescimento do autoritarismo, que a imprensa e os meios de comunicação foram colocados sob rigorosa censura. Em palestra na ESG no ano de 1972, o jurista Heli Lopes Meireles definiu a Lei de Imprensa como um instrumento de segurança nacional e lhe atribuiu o papel de restringir a

> [...] liberdade individual em benefício dos interesses da coletividade e da nação, que não podem ficar expostos aos ataques da subversão ou dos efeitos solapadores da imprensa quando dirigida contra a ordem interna e a paz social.

O ex-secretário do Interior, de Segurança e de Justiça do estado de São Paulo defendeu o poder de polícia do Estado para a preservação da ordem pública e da segurança nacional. Esclareceu que a extensão desse poder, de acordo com a Constituição, era ampla, abrangendo, entre outros pontos, a proteção à moral e aos bons costumes, a censura de filmes e espetáculos e o controle de publicações[183].

O controle da opinião pública transformou-se numa questão central política para os dirigentes militares. A ESG não dissociava a preservação do "Poder Nacional" do controle da opinião pública, manifestada, principalmente, pelos meios de comunicação. O caráter nacional das guerras modernas, envolvendo toda a população, projetou o sistema de

---

[182] COSTA, José Moraes Rego. *A imprensa, as informações e a Segurança Nacional*. Rio de Janeiro: ESG, 1966.

[183] LOPES Meireles afirma na ESG que democracia precisa de liberdade de imprensa. *Jornal do Brasil*, 25 maio 1972, p. 3.

comunicação social como um instrumento privilegiado de contenção dos conflitos sociais. As ameaças à segurança interna, diante das investidas do comunismo contra os valores da sociedade brasileira, exigiam o fortalecimento das bases psicológicas da população. Isso implicava submeter o sistema de comunicação social aos princípios da segurança nacional[184]. Em trabalho apresentado na ESG, um oficial militar atribuiu ao Estado o papel de tomar medidas necessárias para controlar os meios de comunicação — rádio, televisão e imprensa —, "à medida que estes instrumentos venham antepor ou deturpar os objetivos nacionais, os interesses da comunidade e o desenvolvimento da nação"[185].

A interpretação da censura como instrumento de depuração dos valores para preservação das tradições da sociedade foi formulada por Buzaid quando entrou em vigor, em 1970, o decreto-lei de censura prévia a livros e periódicos. O ministro da Justiça alegou que o decreto visava sustar as manifestações contrárias à moral e aos bons costumes[186]. Na concepção do ministro da Justiça Alfredo Buzaid, era preciso preservar uma moral adequada à defesa do país, segundo os princípios de segurança nacional, "pois, se não merecem cuidados governamentais, enfraqueceriam a sociedade brasileira, tornando-a mais permeável às investidas do comunismo internacional"[187]. Em palestra na ESG, no ano de 1972, Buzaid alertou, nos termos da Doutrina de Segurança Nacional, para o perigo da infiltração comunista nos meios de comunicação e nas manifestações culturais. O ministro da Justiça interpretou a ameaça provocada pelos inimigos internos como uma guerra travada no plano das ideias e da cultura. Ele observou que a estratégia de conquista do poder pelos comunistas incluía ações com a finalidade de exercer influência sobre a opinião pública e subverter a ordem moral vigente.

---

[184] FERREIRA, Edmirson Maranhão. *Sistema de Comunicação Social e Segurança (LS5-74-ESG). In*: FONSECA, Geraldo. *Formação da opinião pública*: liberdade da expressão de pensamento e censura. Rio de Janeiro: ESG, 1976. Trabalho especial. p. 9.

[185] FONSECA, Geraldo. *Formação da opinião pública*: liberdade de expressão do pensamento e censura. Rio de Janeiro: ESG, 1976. Trabalho especial. p. 9-10.

[186] BUZAID, Alfredo. FGV/CPDOC. Disponível em: http://www.fgv.br/cpdoc/acervo/dicionarios/verbete-biografico/buzaid-alfredo.

[187] Citado em: GOULART, Ana Paula. *Os anos 1960-70 e a reconfiguração do jornalismo brasileiro*: história da comunicação. Experiências e perspectivas. Rio de Janeiro: Mauad, 2014.

> Para a consecução do seu objetivo emprega dois processos: um lento e outro violento. O processo lento consiste em abalar as bases da sociedade. O comunismo instila sutilmente veneno para desintegrá-la. Mina a família através da desenfreada propaganda do sexo, do amor livre e da obscenidade. Penetra na escola e difunde o tóxico para desfibrar a juventude. Procura dilacerar a severidade dos costumes através do teatro, do cinema, do rádio e da televisão. Espalha as suas publicações por todas as livrarias.
>
> O processo violento, de que se serve, é o terror. Organiza guerrilhas urbanas e rurais. Assalta bancos e empresas para obter recursos financeiros. Comete atentados pessoais. Sequestra diplomatas. E fomenta a luta racial. Ele é o paladino da guerra subversiva.[188]

Alfredo Buzaid conferiu um fundamento de ordem moral à censura de diversões públicas. A legislação vigente validava as práticas tanto de censura moral como as de censura política. As Normas Doutrinárias da Censura Federal, de 1970, não admitiam a

> [...] comunicação social que atentasse contra a segurança nacional, o regime democrático, a ordem pública, as autoridades constituídas, a moral e os bons costumes, a instituição familiar, prejudicasse a cordialidade entre os povos, ferisse a dignidade e interesses nacionais, desprestigiasse os vultos e heróis nacionais, as Forças Armadas, a Polícia Federal e as autoridades estrangeiras, ofendesse as coletividades e religiões, incentivasse preconceito de raça e luta de classe ou promovesse demonstrações de hipnotismo sem comprovação científica.[189]

As atividades de censura do Estado realizadas sobretudo após 1968 ganham na interpretação de Smith um sentido político[190], enquanto Aquino enfatiza a dimensão ideológica ao vê-las como um dos instrumentos de repressão para garantir o exercício da dominação social. A censura "cumpriu o papel de ocultar ao público eleitor [...] parte do que se dava no âmbito

---

[188] BUZAID, Alfredo. *Da conjuntura política nacional*. Aula proferida em 2 de junho de 1972, na ESG. p. 2.

[189] Normas Doutrinárias da Censura Federal. Brasília, 17 set. 1970. Censura federal. Brasília: C.R. Editora, 1971, p. 235-248. Extraído de: GARCIA, Miliandre. Quando a moral e a política se encontram: a centralização da censura de diversões públicas e a prática da censura política na transição dos anos 1960 para os 1970. *Dimensões*, [s. l.], v. 32, p. 79-110, 2014. Disponível em: http://www.periodicos.ufes.br/dimensoes/article/viewFile/8319/5902.

[190] SMITH, Anne-Marie. *Um acordo forçado*: o consentimento da imprensa à censura no Brasil. Rio de Janeiro: FGV, 2000.

da produção das condições materiais da existência". A autora refere-se à violência das contradições entre interesses de camadas antagônicas e a opção por objetivos minoritários geradores de desigualdades e injustiça social. Dessa forma, foi possível disseminar interesses particulares dominantes como se representassem objetivos de todo o corpo social[191].

De fato, a censura encarregou-se de fazer a proteção ideológica do regime militar. Como parte integrante do esquema de repressão sob controle da inteligência e sob o signo da segurança nacional, a censura impôs restrições à livre circulação das informações no cenário social, cerceando os debates públicos e os questionamentos sobre os rumos que tomava o Estado. Assim como procurou encobrir o que se passava no interior do Estado, a censura tentou impedir a expressão das diversas vozes de oposição às decisões do poder. Venício Lima ressalta que,

> [...] graças à vigorosa repressão e a uma rígida censura à imprensa, além de uma eficiente campanha de propaganda coordenada pela Assessoria Especial de Relações Públicas da Presidência da República, não foi difícil para o governo criar um clima de euforia, silenciando a resistência popular ao regime.[192]

O trabalho dos censores consistia em obstruir o surgimento de uma narrativa contestatória a respeito da imagem divulgada pelos próprios dirigentes de que o regime estava comprometido com a construção de uma democracia e conduzia uma administração dinâmica no caminho do desenvolvimento com harmonia social. Não só foram ocultados dados e fatos sobre o crescimento da desigualdade social que levou um grande contingente da população a experimentar formas perversas de subcidadania, excluída do acesso ao saber, à riqueza, à saúde e às condições materiais mínimas para uma vida digna. A censura proibiu a publicação das ações do aparato repressivo que se abateram sobre os diversos grupos de oposição. São desses tempos as denúncias de torturas, desaparecimentos e assassinatos de presos políticos. Inúmeros casos envolvendo as atividades de repressão sob responsabilidade da inteligência foram silenciadas, impedindo que a sociedade tomasse conhecimento das atrocidades cometidas pelas dirigentes militares.

---

[191] AQUINO, Maria Aparecida de. *Censura*: imprensa e Estado Autoritário (1968-1978). O exercício cotidiano da dominação e da resistência: O Estado de S. Paulo e Movimento. Bauru: Edusc, 1999. p. 212, 243.

[192] LIMA, Venício A. *Mídia*: teoria e política. São Paulo: Perseu Abramo, 2001. p. 159.

Se tomarmos como referência o modo como o regime militar exerceu a censura política à imprensa entre os anos de 1968 e 1978, distinguiremos dois momentos, de acordo com Aquino, que vê no AI-5 o marco divisório. No período de 1968 a 1975, a censura assumiu um caráter amplo e agiu indistintamente sobre todos os periódicos. De 1968 a 1972, ela foi estruturada de forma legal e profissional. Nessa fase inicial, suas atividades se restringiam a telefonemas e bilhetes enviados às redações. Entre 1972 e 1975, a fase de radicalização, foi institucionalizada a censura prévia aos órgãos de divulgação que ofereceram resistência à autocensura. De 1975 a 1978, a censura ingressou no segundo momento. Com a política de distensão, ela passou a ser mais restritiva e seletiva e gradativamente se retirou dos órgãos de divulgação[193].

A fim de compreender os diferentes objetivos da censura em relação aos representantes da imprensa, vejamos a análise de Aquino sobre *O Estado de São Paulo* (OESP) e o jornal *Movimento*. Enquanto em OESP, comprometido com os ideais liberais, mais da metade das matérias vetadas referia-se à unidade temática Questões Políticas, no jornal *Movimento* se percebe uma distribuição equitativa no que tange às unidades Questões Políticas e Questões Sociais. A autora sugere que a censura em OESP foi voltada para encobrir os aspectos de recrudescimento do regime após 1968, e ela é considerada circunstancial, em função do descontentamento momentâneo do jornal com os rumos políticos do regime. No jornal *Movimento*, identificado com as causas populares, as matérias sobre o caráter do regime, bem como sobre o modelo econômico e o exacerbado grau de injustiça social, foram vetadas em função das acirradas críticas. OESP mantinha concordância em linhas gerais com o modelo econômico, e as divergências com o regime político vigente puderam ser reparadas com o processo de abertura política. Já para o semanário *Movimento*, a mudança do projeto autoritário como um todo era a questão central. A análise do material censurado levou à conclusão de que a violência da censura foi muito maior no jornal *Movimento* do que no OESP[194].

Aquino demonstra que a imprensa se tornou um dos alvos prioritários da censura e diversos jornalistas foram enquadrados na Lei de Segurança Nacional, sendo processados na Justiça Militar por suas publicações de críticas ao regime. Em alguns dos processos políticos, a autora observa

---

[193] AQUINO, 1999, p. 212.

[194] *Ibidem*, p. 237.

que a ficha pregressa do réu produzida pelos órgãos de informações foi utilizada como elemento comprobatório para fundamentar acusações de ligação com a ideologia comunista. Entre os órgãos citados estão o Dops, DPF, SNI e serviços de informações do Exército[195].

A censura prévia de que fala Aquino implicava a presença de uma equipe de censores nas redações jornalísticas ou a obrigação de se enviar antecipadamente para o Departamento da Polícia Federal (DPF) os materiais que se pretendia divulgar para o público. A Divisão de Censura de Diversões Públicas da Polícia Federal, subordinada ao Ministério da Justiça, era o órgão responsável pela inspeção dos conteúdos culturais das diversas mídias, a fim de submetê-los às diretrizes do regime. Segundo a análise de Soares[196], duas diferentes abordagens orientaram os trabalhos dos censores. A censura com base em critérios morais ocorreu no "âmbito dos costumes e diversões", que incluíam filmes de cinema, programas de televisão e de rádio, peças de teatro, livros, revistas etc. Já a imprensa teria sido alvo do que comumente era denominado de censura política. Em termos formais, acrescenta Soares, toda censura era jurisdição do Departamento da Polícia Federal, mas a Divisão de Censura ficava limitada ao aspecto moral, não exercendo atividades de censura política, que provinha, de fato, dos órgãos militares de segurança. Carlos Fico[197] questiona essa divisão de tarefas e sustenta que é possível distinguir a dimensão moral e a dimensão política tanto na censura de diversões públicas como na censura da imprensa, embora neste último caso prevalecessem os temas políticos. Isso explicaria por que a expressão "censura política" esteve associada principalmente à imprensa.

A censura prévia foi formalizada com a aprovação do aprovação do Decreto-Lei nº 1.077, de 1970. Há, todavia, divergências sobre o seu significado. Para Kushnir[198], o Decreto-Lei 1.077 representou a base legal da censura prévia à imprensa. Carlos Fico[199] defende que o decreto era voltado para a "questão da moral e dos bons costumes" e "para livros,

---

[195] *Ibidem*, p. 257.

[196] SOARES, 1989, p. 34. 3

[197] FICO, Carlos. *Além do Golpe*: a tomada do poder em 31 de março de 1964 e a ditadura militar. Rio de Janeiro: Record, 2004. p. 90.

[198] KUSHNIR, Beatriz. *Cães de guarda*: jornalistas e censores, do AI-5 à Constituição de 1988. 2001. Tese (Doutorado) – Instituto de Filosofia e Ciências Humanas, Universidade Estadual de Campinas, Campinas, 2001. p. 43.

[199] FICO, 2004, p. 80-90.

revistas, rádio e TV". O autor não concorda que a censura à imprensa seja tratada como uma prática inconstitucional, ou seja, ilegal nos termos das próprias normas do regime, tal como defendem Aquino[200] e Smith[201]. Carlos Fico aborda a censura política da imprensa como mais um instrumento repressivo e a equipara à criação do Sistema DOI-Codi, que foi instituído via "diretrizes sigilosas, escritas ou não". Enquanto Carlos Fico[202] sustenta que a censura da imprensa, após o AI-5, sistematizou-se e passou a obedecer às instruções originadas dos altos escalões do poder, Soares a percebe como uma jurisdição disputada[203] entre as diferentes instituições militares ou paramilitares que predominavam sobre essa atividade. Muitas proibições eram comunicadas pelo Ministério da Justiça por intermédio dos seus órgãos, mas a origem das decisões estava no SNI e, secundariamente, em outros órgãos militares. O autor defende que as práticas da censura refletiram a fragmentação do Estado autoritário. Houve uma multiplicação de linhas de autoridade.

> Como a censura não estava regulamentada e o Estado não era de lei, censurava quem queria e tinha poder para fazê-lo, "legalmente" ou não. O presidente da República, o ministro da Justiça, o ministro do Exército, o diretor-geral do Departamento da Polícia Federal, os comandantes dos exércitos, os comandantes das regiões militares, entre outros, sentiram-se autorizados a enviar suas próprias proibições aos meios de comunicação de massa. Entretanto, ocasionalmente, funcionários subalternos também sentiram-se no direito de adicionar as suas proibições. A multiplicação de centros de poder implicou a multiplicação da origem das proibições. Os centros conviviam bem, censurando de maneira quase independente, já que não havia instituição dentro do Estado dedicada à manutenção da ordem legal, ou a coibir os excessos, os abusos do poder. Os problemas apareciam somente quando os interesses dos diferentes grupos com poder colidiam; havendo vários casos em que um centro censurou notícias cuja divulgação era de interesse de outro.[204]

---

[200] AQUINO, 1999, p. 64.

[201] SMITH, 2000, p. 96.

[202] FICO, 2004, p. 87.

[203] SOARES, 1989, p. 34.

[204] *Ibidem*, p. 35.

O que Soares vê como multiplicação de linhas de autoridade corresponde, de fato, às ações independentes dos grupos dirigentes que buscavam influenciar as políticas da censura. Todavia, essas intervenções censórias apenas evidenciam a maior centralização do aparelho repressivo. Todos os centros de poder citados por Soares eram diretamente comandados pelos oficiais de alta patente do Exército. Inclui-se nessa observação a Polícia Federal, que era comandada por oficiais do Exército. A única exceção de um centro de poder comandado por um civil ficou por conta do Ministério da Justiça, cujos órgãos comunicavam muitas das ordens de censura, mas as verdadeiras origens delas, segundo Soares, encontravam-se no SNI[205].

De fato, a inteligência militar conduziu ações de censura registradas em ofícios que eram encaminhados ao DPF e para a DSI do Ministério da Justiça[206]. Essa tarefa era justificada pelo argumento de que seus agentes possuíam conhecimento qualificado e capacidade analítica para com-

---

[205] *Ibidem*, p. 35.

[206] As evidências de ações intervencionistas do SNI e do CIE no aparato de censura podem ser conferidas nos seguintes documentos: Ministério da Justiça. Gabinete do Ministro. Documento n.º 2560, 24 maio 1971. Arquivo Nacional. Memórias Reveladas. Disponível em: http://imagem.sian.an.gov.br/acervo/derivadas/br_rjanrio_tt/0/mcp/pro/0185/br_rjanrio_tt_0_mcp_pro_0185_d0001de0001.pdf; Ministério da Justiça. Gabinete do Ministro. Documento n.º 2901, 15 out. 1971. Arquivo Nacional. Memórias Reveladas. Disponível em: http://imagem.sian.an.gov.br/acervo/derivadas/br_rjanrio_tt/0/mcp/pro/0212/br_rjanrio_tt_0_mcp_pro_0212_d0001de0001.pdf; Ministério da Justiça. Divisão de Segurança e Informações. Informação n. 421/DSI/MJ, 8 dez. 1971. Arquivo Nacional. Memórias Reveladas. Disponível em: http://imagem.sian.an.gov.br/acervo/derivadas/br_rjanrio_tt/0/mcp/avu/0249/br_rjanrio_tt_0_mcp_avu_0249.pdf; Ministério da Justiça. Gabinete do Ministro. Documento n.º 3518, 4 ago. 1972. Arquivo Nacional. Memórias Reveladas. Disponível em: http://imagem.sian.an.gov.br/acervo/derivadas/br_rjanrio_tt/0/mcp/pro/0246/br_rjanrio_tt_0_mcp_pro_0246_d0001de0001.pdf; Ministério da Justiça. Gabinete do Ministro. Documento n. 3607, 19 set. 1972. Arquivo Nacional. Memórias Reveladas. Disponível em: http://imagem.sian.an.gov.br/acervo/derivadas/br_rjanrio_tt/0/mcp/pro/0269/br_rjanrio_tt_0_mcp_pro_0269_d0001de0001.pdf; Ministério da Justiça. Gabinete do Ministro. Documento n.º 3629, 28 set. 1972. Arquivo Nacional. Memórias Reveladas. Disponível em: http://imagem.sian.an.gov.br/acervo/derivadas/br_rjanrio_tt/0/mcp/pro/0275/br_rjanrio_tt_0_mcp_pro_0275_d0001de0001.pdf; Ministério da Justiça. Gabinete do Ministro. Documento n.º 3657, 11 out. 1972. Arquivo Nacional. Memórias Reveladas. Disponível em: http://imagem.sian.an.gov.br/acervo/derivadas/br_rjanrio_tt/0/mcp/pro/0281/br_rjanrio_tt_0_mcp_pro_0281_d0001de0001.pdf; Ministério da Justiça. Divisão de Segurança e Informações. Encaminhamento n.º 165/DSI/MJ, 3 maio 1973. Arquivo Nacional. Memórias Reveladas. Disponível em: http://imagem.sian.an.gov.br/acervo/derivadas/br_rjanrio_tt/0/mcp/avu/0206/br_rjanrio_tt_0_mcp_avu_0206_d001.pdf; Ministério da Justiça. Gabinete do Ministro. Documento n.º 4134, 3 ago. 1973. Arquivo Nacional. Memórias Reveladas. Disponível em: http://imagem.sian.an.gov.br/acervo/derivadas/br_rjanrio_tt/0/mcp/pro/0308/br_rjanrio_tt_0_mcp_pro_0308_d0001de0001.pdf; Ministério da Justiça. Gabinete do Ministro. Documento n.º 4335, 30 nov. 1973. Arquivo Nacional. Memórias Reveladas. Disponível em: http://imagem.sian.an.gov.br/acervo/derivadas/br_rjanrio_tt/0/mcp/pro/0325/br_rjanrio_tt_0_mcp_pro_0325_d0001de0001.pdf. Ver também o Relatório do DPF. Ministério da Justiça. Ofício n.º 002/73-SIGAB/DG. Brasília, 16 de janeiro de 1973. Arquivo Nacional. Memórias Reveladas. Disponível em: http://imagem.sian.an.gov.br/acervo/derivadas/br_rjanrio_tt/0/mcp/pro/0296/br_rjanrio_tt_0_mcp_pro_0296_d0001de0001.pdf.

preender o modo e o sentido que tomavam as manifestações culturais e políticas ocorridas cotidianamente no país. O SNI considerava que os meios de comunicação social sofriam influência comunista e elementos infiltrados agiam habilmente para burlar a censura e, dessa forma, conseguiam publicar matérias que atentavam contra os princípios do regime e corrompiam os valores da sociedade. O órgão cita as estações de TV que "na ânsia de alcançarem boas posições nas pesquisas do Ibope, não se preocupam com o nível cultural de seus programas". O teatro era apontado como espaço onde apresentavam atividades de contestação ao regime e dissolução dos costumes, enquanto o cinema, segundo o texto, mostrava filmes como *A Batalha de Argel*, que narrava com riqueza de detalhes aspectos da guerrilha urbana naquele país. O documento registra ainda que os "jornais, a partir do AI-5, apresentavam, subliminarmente, distorção ideológica no tratamento dispensado a assuntos e problemas nacionais"[207].

No comando do aparelho repressivo, os serviços de inteligência cumpriam a sua missão. Produziam informações sobre o percurso ideológico dos meios de comunicação e transmitiam orientação para as práticas dos órgãos de censura. Um dos alvos principais, a imprensa escrita, por exemplo, era continuamente monitorada pelo SNI e serviços de inteligência militares que desenvolviam extensos mapeamentos de sua atuação, analisando as linhas editoriais dos jornais, os conteúdos temáticos abordados, as conexões políticas e o grau de influência social. Documento do CIE com difusão para a Agência Central do SNI, datado de agosto de 1972, é bastante revelador nesse sentido. Ele apresenta um relatório "resultante de análise feita por informantes infiltrados na imprensa da Guanabara sobre o preparo dos grupos para enfrentar o ano político de 1973", ano no qual Geisel seria indicado pela cúpula militar para ocupar a Presidência da República. O CIE registra a existência de um plano que estaria sendo articulado pelos grandes empresários sob a influência de comunistas ou intelectuais de esquerda. Com o objetivo de demonstrar a existência de um ambiente de coação por parte do governo, o plano, segundo o texto,

---

[207] Ministério das Comunicações. Divisão de Segurança e Informações. Informação n.º 018/SI/71/DSI/MC, 15 mar. 1971. Arquivo Nacional. Memórias Reveladas. Disponível em: http://imagem.sian.an.gov.br/acervo/derivadas/br_dfanbsb_v8/mic/gnc/aaa/71034773/br_dfanbsb_v8_mic_gnc_aaa_71034773_d0001de0001.pdf.

alimentava expectativas de obter liberdade plena para o controle absoluto das notícias.

O documento considerava que a "liberdade de imprensa é um mito" e assinalava que ela "é livre nos limites dos interesses dos diretores de órgãos ou grupos de pressão". Constata a formação de um *"pool"* de órgãos de imprensa, incluindo meios escritos, falados e televisados, com capacidade de influenciar e modificar o comportamento da opinião pública em relação ao presidente Médici e à Revolução de 1964. O CIE percebia a formação, na Guanabara, de três grupos de pressão, cujas ações teriam início em 1973, "ano difícil e suscetível a crises político-militares". O primeiro seria o *"pool"* formado pelas empresas de *O Globo*, *Diários Associados*, *Diários de Notícias*, *Correio da Manhã* e *Tribuna da Imprensa*, além de grupos econômicos vinculados a Juscelino Kubitscheck, Walter Moreira Salles, Roberto Campos, entre outros. Com uma linha editorial indefinida, essa tendência poderia apoiar a revolução em troca de concessões políticas e benefícios na área econômica, ou poderia assumir uma oposição radical como a do *Correio da Manhã* e também da *Tribuna da Imprensa*, vinculados à esquerda. O segundo grupo seria constituído pelo *Jornal do Brasil*, somado pelos jornais do governador Chagas Freitas e pelos órgãos da editora Bloch, que estariam dispostos para atuar numa linha radical de oposição. Essa tendência aspirava solidez econômica dentro de uma linha independente de atuação. Seria um grupo passível de manipulação da subversão por congregar um número elevado de jornalistas de esquerda, bem remunerada, e com grande penetração na classe média. *A Última Hora* representava o terceiro grupo. Por decisão de seus proprietários e em função de dificuldades financeiras, seguia uma linha de apoio integral ao governo. O CIE o considerava um jornal isolado, fraco e sem condições de influenciar o quadro da opinião pública[208].

O SNI apontava a existência de duas fontes de propaganda comunista voltadas para influenciar a opinião pública nacional. Uma procedente do exterior, que era reproduzida no Brasil na forma de livros, revistas, jornais, panfletos, fotografias, postais, pôsteres, slides, selos, flâmulas, discos etc.

---

[208] Ministério do Exército. Gabinete do Ministro. CIE. Informação n.º 2004/ S-103.2, Rio, GB, ago. 1972. Arquivo Nacional. Memórias Reveladas. Disponível em: http://imagem.sian.an.gov.br/acervo/derivadas/br_dfanbsb_v8/mic/gnc/aaa/72058044/br_dfanbsb_v8_mic_gnc_aaa_72058044_d0001de0001.pdf.

Já com relação à propaganda interna, esta era clandestina e sua origem se encontrava nas organizações de esquerda, que, apesar do recesso, jamais teriam deixado de manter um razoável fluxo de panfletos, jornais e revistas de pequeno porte como forma principal de se comunicarem com o público. O órgão avaliava que a participação dos meios de comunicação social na propaganda de inspiração comunista não chegava a assumir relevância que exigissem ações mais enérgicas por parte dos órgãos de informações. Explica que isso se devia à existência da verificação prévia e autocensura para a maioria dos meios de comunicação. Embora constatasse que a censura possuía limitações quanto à função fiscalizadora, reconhecia que ela contribuía "para evitar a divulgação de ideias esquerdistas e impedir as demonstrações que feriam o decoro da família brasileira"[209].

Com efeito, as atividades realizadas pela Divisão de Censura eram permanentemente monitoradas e avaliadas pelos serviços de inteligência que viam deficiências neste órgão para realizar um trabalho rigoroso do ponto de vista político e ideológico. Documento do SNI revela como a Agência Central acionava o conjunto do sistema de inteligência para acompanhar o trabalho do aparato de censura, conforme se observa com o "Pedido de Busca" que foi encaminhado em abril de 1972 para a Agência do Rio de Janeiro do SNI, CIE, Cenimar e DPF. A Agência Central solicitou informações sobre o filme *Inconfidentes* de Joaquim Pedro de Andrade, que sugeria uma semelhança entre a tirania da Coroa Portuguesa e o regime militar. O filme discutia as formas de luta contra o domínio português na época colonial, quando movimentos de resistência de natureza popular se organizaram para promover a independência nacional. Retratava a emergência da Inconfidência ou Conjuração Mineira da qual participaram grupos de intelectuais e setores da elite brasileira que se uniram para libertar o país da opressão política[210]. No "pedido de busca" solicitado aos órgãos de informações militares e ao DCDP do DPF, o SNI afirmou que "Há suspeita de que o filme apresente conotações subliminares de caráter sub-

---

[209] Presidência da República. Serviço Nacional de Informações. Agência do Rio de Janeiro. Informação n.º 08316/73/ARJ/SNI, 30 nov. 1973. Arquivo Nacional. Memórias Reveladas. Disponível em: http://imagem.sian. an.gov.br/acervo/derivadas/br_dfanbsb_v8/mic/gnc/aaa/73064728/br_dfanbsb_v8_mic_gnc_aaa_73064728_d0001de0001.pdf.

[210] Presidência da República. Serviço Nacional de Informações. Agência Central. Pedido de Busca n.º 51519/72/AC/SNI, 24 maio 1972. Arquivo Nacional. Memórias Reveladas. Disponível em: http://imagem.sian.an.gov.br/acervo/derivadas/br_dfanbsb_v8/mic/gnc/aaa/72058361/br_dfanbsb_v8_mic_gnc_aaa_72058361_d0001de0001.pdf.

versivo" e solicitava que os agentes da Agência do RJ assistissem ao filme e encaminhassem uma apreciação para a Agência Central. Pedia também aos demais órgãos citados uma remessa de informações sobre o filme.

Em resposta ao pedido de busca do SNI, o Cenimar informou que Joaquim Pedro de Andrade era um cineasta de formação marxista, muito ativo no cinema político, já tendo estado preso por duas vezes. José Wilker, que interpretava o papel de Tiradentes, foi identificado no documento de inteligência como um ator ligado às manifestações esquerdistas e com participação na União da Juventude Comunista. O CIE, por sua vez, remeteu uma ficha de Informações sobre Joaquim Pedro de Andrade com sua trajetória profissional e política de setembro de 1966 a maio de 1971. Entre as informações encaminhadas, constam: executor das diretivas partidárias do Partido Comunista no setor cinematográfico; signatário da Moção de Intelectuais ao Povo Brasileiro contra o regime revolucionário e do Movimento Nacional pela Democracia; conceituado como cineasta da contestação e preso por duas vezes; elemento de formação marxista e participante de reuniões de cineastas esquerdistas no Instituto Nacional do Cinema[211]. Já o DPF encaminhou um relatório sobre o processo de análise do filme que foi preparada pela Divisão de Censura de Diversões Públicas. Impróprio para menores de 10 anos, pelo fato de apresentar cenas de suicídio, a sordidez de ambiente dos cárceres e o enforcamento de Tiradentes, o filme foi reconhecido como uma película que "enaltecia os vultos históricos, especialmente a figura de Tiradentes, mostrados como heróis de uma grande causa: a luta pela Independência do Brasil". Em seguida o texto do DPF admitia que o filme "apresente conotações subliminares de caráter subversivo" e ponderava que "seria difícil negar, em um filme que trata do tema da Inconfidência Mineira, seu caráter subversivo". Conclui que a função da "Censura do DPF [...] é escoimar, e mesmo interditar, as referências negativas ideológicas ao atual regime do país"[212].

Além do SNI, os órgãos de informações militares tomavam a iniciativa de exercer vigilância e pressão sobre o aparato de censura para que suas atividades fossem intensificadas. Nesse sentido é exemplar o documento do Cisa, datado de junho de 1971 e encaminhado para o SNI e DSI do Ministério da Justiça, intitulado *Infiltração comunista na TV*. Ele

---

[211] *Ibidem.*

[212] *Ibidem.*

discorre sobre as telenovelas que seriam de autores esquerdistas. Considera que as peças difundiam mensagens de desagregação de família, rebelião da juventude, espírito antirreligioso e principalmente a apologia do adultério. Após citar nominalmente as telenovelas, observa que elas foram vetadas pela Censura Federal e posteriormente liberadas para idade maior de 18 anos. Em seguida o texto faz menção sobre as formas de pressão das empresas de TV e o êxito alcançado para mudar a faixa de idade e ampliar o público ouvinte. Nas conclusões, o texto não mediu esforços para justificar a necessidade de uma ação vigorosa da censura do ponto de vista ideológico. Alertou para o aumento gradativo da infiltração comunista nos meios de comunicação e assinalou que a telenovela era o veículo de comunicações de maior receptividade na massa, atingindo principalmente a juventude e as classes média e operária[213].

Assim como o Cisa, o CIE colocou em questão a censura, como no caso da peça *Botequim*, de Gianfrancesco Guarnieri (1972), que foi liberada para ser encenada. A peça é uma metáfora da situação política do país, oprimido pela repressão da ditadura militar. Ela se passa dentro de um botequim que representa uma forma de oposição aos modernos costumes impostos pelo desenvolvimento econômico. Aborda o comportamento de um grupo heterogêneo de pessoas que fica confinado no boteco durante um temporal, sem nenhuma notícia do mundo lá fora. Segundo o documento do CIE, com difusão para o SNI e Central de Inteligência do DPF, o comportamento das pessoas é visto da perspectiva das classes sociais e no botequim "reina anarquia, imoralidade e amor livre"; enfatiza o problema humano e social dos ébrios contumazes, sem ideal e sem destino, cuja única felicidade é a bebida. Em contraste com a classe rica, desorientada e erótica, a classe trabalhadora é representada, segundo o documento, por um operário falante e politizado, que é hostilizado e renegado pelos presentes. O CIE relata que a peça *Botequim*,

> [...] apesar de sua técnica excelente e conteúdo cultural, é política e contestatória à Revolução de 1964, no objetivo de situar um clima de medo e tristeza consequente da ordem estabelecida no país. É uma peça de protesto.

---

[213] Ministério da Aeronáutica. Gabinete do Ministro. Informação n.º 040.Cisa, 9 jun. 1971. Arquivo Nacional. Memórias Reveladas. Disponível em: http://imagem.sian.an.gov.br/acervo/derivadas/br_dfanbsb_v8/mic/gnc/aaa/71053330/br_dfanbsb_v8_mic_gnc_aaa_71053330_d0001de0001.pdf.

O documento conclui que a peça *Botequim*, como conteúdo de mensagem contestatória, se assemelhava à música de Chico Buarque de Holanda intitulada "Apesar de você", que, segundo o documento, havia sido proibida pela Censura Federal. O CIE via na peça uma representação teatral dessa música[214]. Além de emitir críticas ao trabalho da censura, o CIE expediu ordem de censura, como no caso da peça *Calabar: o elogio de uma traição*. É o que mostra o parecer do órgão de informação encaminhado para o DPF. Escrita em parceria com o cineasta Ruy Guerra, a obra de Chico Buarque questionava a versão oficial da independência do Brasil e seria encenada no momento em que o regime festejava os 150 anos do evento[215].

Há um documento do SNI que é emblemático como evidência da intervenção do sistema de inteligência no aparato de censura e revela os conflitos surgidos em torno dos critérios para depurar o conteúdo das mensagens. O texto do SNI anuncia que "a ineficiência do trabalho da censura" vinha sendo uma das motivações de suas interferências nessa área. Cita como exemplo a peça *Gota d'Água* de Chico Buarque e Paulo Pontes[216], que fora objeto de cortes pela censura e, em seguida, liberado. O SNI apresenta críticas com relação aos critérios empregados pelos censores da Polícia Federal que teriam se limitado a poucos cortes e, em seguida, o órgão de inteligência traz um conjunto mais amplo de cortes que deveriam ter sido feitos no texto da peça. A intervenção do SNI revela claramente uma prática muito mais rigorosa no plano ideológico do que a utilizada pelos censores. Certamente, os censores da PF não viram grandes ameaças numa peça baseada na tragédia grega que, por meio de metáforas, abordava a situação social do Rio de Janeiro e consequentemente se dirigia a um público de alta instrução, um grupo de elite e restrito da sociedade. É possível supor que o foco dos censores da PF fosse inicialmente o texto da peça, enquanto os oficiais de inteligência se voltaram

---

[214] Ministério do Exército. Gabinete do Ministro. CIE. Informação n.º 1075/ 73-S -103.2. Brasília, 11 set. 1973. Arquivo Nacional. Memórias Reveladas. Disponível em: http://imagem.sian.an.gov.br/acervo/derivadas/ br_dfanbsb_v8/mic/gnc/aaa/73067836/br_dfanbsb_v8_mic_gnc_aaa_73067836_d0001de0001.pdf.

[215] Ministério do Exército. Gabinete do Ministro. Centro de Informações do Exército. Parecer S-103. BSB, 22 out. 1973. Arquivo Nacional. Memórias Reveladas. Disponível em: http://imagem.sian.an.gov.br/acervo/derivadas/ br_rjanrio_tt/0/mcp/pro/0325/br_rjanrio_tt_0_mcp_pro_0325_d0001de0001.pdf.

[216] Embora o fato abordado no documento ocorra no governo Geisel, em 1975, ele reforça a observação de que o controle do aparato de censura pela inteligência foi além do governo Médici e fazia parte do modelo de regime policial instituído pelos dirigentes militares.

sobretudo para o que os autores representavam e o lugar que ocupavam na sociedade do ponto de vista político. Sabemos que Chico Buarque e Paulo Pontes eram considerados inimigos declarados do regime e como tal deveriam ser tratados. Era necessário, portanto, impedir as influências dos representantes da oposição no campo da opinião pública. Cabia aos órgãos censores, na interpretação do SNI, ampliar o máximo possível os cortes sobre o conteúdo da peça, até mesmo desfigurar a obra de arte, a fim de impedir sua repercussão na sociedade[217].

Duas observações finais merecem ser feitas e podem contribuir para a compreensão das particularidades da intervenção dos serviços de inteligência nas atividades censórias, bem como a pressão exercida para que os órgãos de censura atuassem com rigor ideológico. Primeiro precisamos considerar que o Departamento de Polícia Federal integrava o organograma do que os militares chamavam de Comunidade de Informações, composta pelo Cenimar, CIE, Cisa e cujo órgão de cúpula era o SNI. Com a reestruturação do Departamento da Polícia Federal no ano de 1972, a Divisão de Censura de Diversões Públicas passou a ficar diretamente subordinada à Direção-Geral da Polícia Federal, sob a chefia de um oficial de alta patente do Exército. A mudança de subordinação foi justificada em função da finalidade da Divisão de Censura, conforme revela a palestra realizada na ESG, no ano de 1973, pelo general Nilo Canepa da Silva. Diretor-geral da DPF de 1971 a 1973, o general explicou que a DCDP "enseja um trabalho que, pelas suas repercussões, exige um acompanhamento constante e cerrado da Direção Geral"[218]. Isso significa que os centros de poder militar, incluindo a inteligência, tinham acesso direto ao DPF para canalizar suas exigências. Documentos do SNI e do CIE citados anteriormente[219] registram que esses órgãos enviavam ofícios com determinações de censura não só para o Ministério da Justiça. Enviavam também para o diretor-geral do DPF, que os encaminhavam para o ministro da Justiça tomar providências. Além disso, o DPF participava

---

[217] Presidência da República. Serviço Nacional de Informações. Agência do Rio de Janeiro. Informação n.º 244/119/75/ARJ/SNI, 15 dez. 1975. Arquivo Nacional. Memórias Reveladas. Disponível em: http://imagem.sian. an.gov.br/acervo/derivadas/br_dfanbsb_v8/mic/gnc/aaa/75088143/br_dfanbsb_v8_mic_gnc_aaa_75088143_ d0001de0002.pdf.

[218] SILVA, Nilo Canepa da. *O Departamento da Polícia Federal*. Conferência realizada em 1973, na ESG. p. 11.

[219] Veja nota 195.

das reuniões da Comunidade de Informações. Ilustra essa observação o relatório do Serviço Nacional de Informações, datado de agosto de 1971, a respeito do encontro realizado no I Exército, com a participação do Cisa, Cenimar, Dops/GB e DPF e Polícia Militar. Entre os assuntos discutidos, consta o informe do DPF sobre a censura aplicada numa emissora de TV do Rio de Janeiro[220].

Além do fato de que o DPF fazia parte formalmente da Comunidade de Informações, devemos reconhecer que as investidas da inteligência nas atividades censórias e o monitoramento da atuação da DCDP, conforme mostram os documentos, têm raízes nas concepções sobre DSN formuladas pela ESG, instituição que idealizou o SNI e projetou sua inserção como órgão de comando do aparelho estatal. Como um instrumento fundamental para garantir a segurança nacional, o aparato de censura deveria funcionar sob o controle da inteligência militar, cujos órgãos eram especializados no trato com a informação, preparados para interceptar e decodificar o significado das comunicações do inimigo interno e, dessa forma, impedir as repercussões das mensagens para a sociedade. Dada a necessidade de proteger ideologicamente o regime, a censura cumpria a função de impedir a circulação de narrativas contestatórias que colocassem em questão as políticas do governo, sobretudo as aplicadas após o AI-5 para garantir a segurança interna, uma área sob a responsabilidade da inteligência militar.

---

[220] Presidência da República. Serviço Nacional de Informações. Agência do Rio de Janeiro. Encaminhamento n.º 2668/71/ARJ/SNI, 20 ago. 1971. Arquivo Nacional. Memórias Reveladas. Disponível em: http://imagem.sian. an.gov.br/acervo/derivadas/br_dfanbsb_v8/mic/gnc/aaa/71037870/br_dfanbsb_v8_mic_gnc_aaa_71037870_d0001de0001.pdf.

CONSIDERAÇÕES FINAIS

A imagem mais marcante na memória dos brasileiros sobre o regime militar é aquela representada pela violenta repressão ocorrida no governo Médici que atingiu diversas instituições da sociedade e grupos políticos. Sempre voltamos nosso olhar para os efeitos dramáticos desse acontecimento, e raramente pensamos que uma ampla e diversificada engrenagem de repressão estatal utilizada como instrumento de dominação política, baseada no terror e medo para obter adesão social, tal como a analisada nesse estudo, requereu a existência de um centro de comando encarregado de direcionar suas ações no sentido de um mesmo objetivo estratégico. Esse foi o papel desempenhado pelo SNI e os serviços de inteligência militares, que detinham o monopólio absoluto das informações produzidas sobre a segurança interna, relacionadas ao funcionamento do sistema estatal e atuação da sociedade. Conforme essa linha interpretativa é que devemos compreender a expansão do sistema de inteligência militar iniciada no governo Costa e Silva com a criação da Operação Bandeirantes e consolidada no governo Médici com o Sistema Nacional de Informações e os DOI-Codi, comandados pelo Exército. A estrutura militar de informações ganhou maior organicidade e centralidade e foi justificada pela finalidade de combater de forma mais eficiente os atos de subversão interna, sobretudo os da esquerda armada.

As estimativas difundidas pelos próprios órgãos de informações confirmam nossa hipótese de que o Sisni e o sistema DOI-Codi foram criados no momento em que as organizações revolucionárias entravam em processo de desestruturação e perda da capacidade político-militar. Decorre desse diagnóstico o argumento de que o maior desafio dos serviços de inteligência durante o governo Médici não consistiu no combate às esquerdas adeptas da luta armada, tampouco na contenção às múltiplas contestações da sociedade. As ações das organizações revolucionárias tinham sido neutralizadas ou estavam em trajetória de declínio no início do governo Médici e as oposições legais foram paralisadas politicamente com a decretação do AI-5. O maior desafio dos serviços de inteligência foi assegurar o controle sobre o conjunto dos aparelhos do Estado e justificar a necessidade de continuidade de suas ações. Foi preciso produzir informações com evidências de que as ameaças internas perduravam, mesmo após os êxitos alcançados sobre a guerra revolucionária. Instrumento central de guerra psicológica anticomunista, os serviços de inteligência marcaram firme posição em torno da manutenção das normas instituídas com o AI-5, justamente quando integrantes da cúpula do regime sinalizavam para mudanças na estratégia de segurança do Estado, tal como a formulada pelo general Malan, no fim do ano de 1971, que fez a seguinte afirmação: "está à vista o momento" no qual os militares poderão se concentrar "no exercício de sua profissão [...] podemos pois permitir-nos prospecções sobre o processo que se chamaria de desengajamento controlado das Forças Armadas"[221].

A inteligência tinha plena consciência de que o regime instituído com o AI-5 a favorecia como ator central na direção do processo político. A manutenção da sua hegemonia dependia da perpetuação dos papéis institucionais até então desempenhados e, consequentemente, da consolidação do modelo policial que foi reforçado com a Emenda de Outubro de 1969, quando o conceito de segurança nacional foi expandido no texto constitucional. Eis o que denomino de relação de predominância na esfera do Estado dos serviços de inteligência que desempenharam o papel de guardiões da Revolução, para empregar os termos dos dirigentes. A máquina repressiva agiu sob a sua direção centralizada a fim de alcançar maior eficiência e coesão, tendo em vista a institucionalização das normas vigentes. Os órgãos de inteligência expandiram as operações antissubversivas e, ao mesmo tempo, assumiram a tarefa de reforçar o monitoramento do conjunto dos aparelhos do Estado para avaliar se agiam em conformidade com as decisões tomadas pelo regime no campo da segurança interna.

Os serviços de inteligência realizaram diferentes modalidades de intervenção na esfera do aparelho repressivo que operava sob a predominância do critério político, aquele de natureza militar, representado pelo conceito de inimigo interno e manifestado na Lei de Segurança Nacional. Observamos que os DOI-Codi ganharam ascendência sobre as forças policiais de segurança pública e deslocaram os Dops da função exclusiva de realizar os interrogatórios, a peça central dos procedimentos investigativos no processo de formação dos inquéritos a respeito dos presos acusados de crimes de subversão. Os interrogatórios passaram a

---

[221] MALAN vê os civis capazes de assumir o poder. *Jornal do Brasil*, 15 dez. 1971, p. 3.

ser colhidos de fato pelos DOI, e informações extraídas sob condições de tortura foram incorporadas aos inquéritos oficiais e deram base aos julgamentos na Justiça Militar. O encaminhamento dos processos judiciais foram, portanto, conspurcados por conta dos procedimentos violentos e ilegais impostos pelos DOI. Essa forma de intervenção compulsória que restringe a autonomia de um órgão também incidiu sobre a Censura, e nesse caso se observaram práticas de colaboração entre o Ministério da Justiça e a inteligência. O ministério cedeu ao SNI as prerrogativas de realizar atividades censórias sobre manifestações culturais e políticas hostis ao regime. Não devemos deixar de mencionar ainda que a DCDP era um órgão do Departamento da Polícia Federal e este fazia parte formalmente da comunidade de informações, o que viabilizou o trabalho da inteligência de manipulação do aparato de censura. Finalmente, houve o que chamo de intervenção discursiva, manifestada por meio de ações no campo da linguagem que exerceram pressões ideológicas e cobranças de lealdade [222] com relação aos verdadeiros ideais da Revolução de 1964, conforme sugeriam os documentos oficiais. Esta forma de intervenção foi executada por todos os serviços de inteligência — SNI, Cenimar, CIE e Cisa — e atingiu, por meio de seu sistema de comunicação, o conjunto do aparelho repressivo — o governo, Forças Armadas, Justiça Militar e o aparato de censura.

De fato, o SNI e os órgãos de informações das Forças Armadas monitoraram a atuação da Justiça Militar e exigiram tanto das auditorias militares como do STM que realizassem julgamentos rigorosos baseados na Lei de Segurança Nacional e aplicassem penas severas aos réus acusados de crimes de subversão. De modo semelhante, o aparato de censura sobre as diversas mídias — jornal, TV, rádio, cinema, teatro, música — foi alvo

---

[222] Luciano Martins defende a ideia de que a inteligência inverteu suas funções e, em vez de controlar lealdades em benefício dos encarregados do governo, passou a controlar lealdade dos protagonistas do regime (incluindo a hierarquia militar), de acordo com seus próprios critérios ideológicos ortodoxos, uma espécie de SS no interior do regime. Diferentemente do autor, acreditamos que essas funções atribuídas aos serviços de inteligência faziam parte da natureza do regime policial e apenas se revelaram mais claramente após a conjuntura de 1968, quando os dirigentes perderam suas bases sociais e se instalou uma crise de confiança interna e suspeição generalizada. A radicalização ideológica após o AI-5 se refletiu no plano interno com o maior empoderamento dos serviços de inteligência e uma cobrança mais ampliada e rigorosa da lealdade do conjunto dos integrantes do regime. Veja: MARTINS, Luciano. A liberalização do regime autoritário no Brasil. *In*: O'DONNELL, Guillermo; SCHMITTER, Philippe C.; WHITEHEAD, Laurence (ed.). *Transições do regime autoritário*: América Latina. São Paulo: Vértice, 1986.

de vigilância e críticas da inteligência que via no trabalho realizado a falta de rigor ideológico com relação ao controle das manifestações culturais hostis às políticas do governo. Evidências também mostraram que as Forças Armadas foram mobilizadas ideologicamente pelos serviços de inteligência por meio das narrativas anticomunistas. Além das responsabilidades governamentais, elas se engajaram diretamente nas operações antissubverssivas. Se a inteligência teve um papel decisivo no maior comprometimento dos militares com as questões de segurança interna, as Forças Armadas constituíram as fontes de recursos humanos e materiais para a expansão do trabalho de inteligência dos órgãos de informações. As ações conjuntas dos serviços de inteligência com as tropas regulares das Forças Armadas, em especial o Exército, constituíram o modelo para combater as guerrilhas urbanas e rurais durante o governo Médici. As políticas adotadas pelo governo Médici, por sua vez, indicaram completas afinidades com as estimativas produzidas pela inteligência. À veemente defesa do modelo institucional amparado pelo AI-5, que pressupunha a eterna permanência das Forças Armadas no poder político, correspondeu o fortalecimento do sistema de inteligência com a criação do Sisni e dos DOI-Codi. Com a regularização das Divisões de Segurança e Informações que exerciam espionagem no interior dos ministérios civis, o governo Médici se tornou uma extensão da Comunidade de Informações. Eis porque devemos conceituá-lo de governo da inteligência militar.

O que podemos extrair dessas formas de controle da inteligência sobre o aparelho estatal? Sob a dominância da inteligência militar, os órgãos do aparelho repressivo passaram a compartilhar plenamente no governo Médici a missão de eliminar o inimigo interno, encargo que se sobrepôs ao exercício de suas tradicionais e específicas atribuições institucionais. No decorrer do governo Médici, houve, portanto, não apenas a expansão das estruturas de informações com a criação do Sisni e o sistema DOI-Codi, justificadas para combater a guerra revolucionária. Houve a expansão da ideologia específica da polícia política no âmbito do sistema estatal. Os aparelhos estabeleceram uma relação de subordinação com a inteligência militar que desempenhava o papel de polícia política e ponta de lança do Estado terrorista instaurado pelos dirigentes. Esse modo de organização dos aparelhos sob o domínio da inteligência mostra a existência de um arranjo de poder relativamente integrado e comprometido com os procedimentos de investigação e aplicação de extrema violência repressiva. Com base no regime de segredo, eles alimentavam um constante fluxo de informações sobre questões de segurança interna, contribuíam na definição e busca dos alvos políticos a serem eliminados e atuavam no sentido de perpetuar a ordem legal instituída com o Ato n.º 5.

Enaltecido por todos os dirigentes do regime, o espírito da inteligência militar impregnou o conjunto do aparelho repressivo. Suas normas e escala de valores penetraram em toda a estrutura estatal e predominaram nos principais centros de poder. Acreditamos que esse modelo de Estado policial, sob o comando político do SNI e os serviços de inteligência, criou suas próprias contradições. Os acúmulos de tensões e conflitos internos motivaram setores dirigentes a reconsiderar seu posicionamento e buscar a reorientação das estratégias de segurança do Estado, dando origem ao movimento de autotransformação do regime com as estratégias de liberalização/abertura que foram implementadas logo em seguida pelos governos Geisel e Figueiredo. A liberalização/abertura visava retirar gradualmente os militares do exercício direto do poder governamental e substituí-los por uma coalizão civil de confiança. Para tanto, buscou a institucionalização do regime policial e esta foi executada pelos mesmos dirigentes que instituíram o terror de Estado, sob a égide da Lei de Segurança Nacional. Sua prioridade não era desmontar o aparato de informações coordenado pelo SNI, tampouco anular a violência sobre a sociedade. Inseridas na dinâmica política controlada pelos militares, as liberdades restituídas durante a transição foram o preço pago pelos governos para ampliar sua legitimidade social, enfrentar as resistências e disputas internas e conter as oposições crescentes, algumas dispostas a derrubar o regime e responsabilizá-lo judicialmente pelas atrocidades cometidas. Se as oposições democráticas tiveram influência após a liberalização ser iniciada, a dissolução do regime ocorrida ao fim da transição conservadora teve relação decisiva com fatores internos que afetaram a sua solidez e capacidade de articulação, então asseguradas pela inteligência militar.

A liberalização/abertura representou não apenas a estratégia que visava suspender a participação militar direta nas funções de governo. Devemos recordar que os generais Geisel e Figueiredo promoveram o desengajamento controlado das Forças Armadas das campanhas antissubverssivas, cuja finalidade era exterminar as organizações revolucionárias e partidos comunistas. Formulada para resolver as questões essencialmente militares, sobretudo as relacionadas ao comprometimento inédito das Forças Armadas com a segurança interna, a liberalização/abertura projetou mudanças nos papéis até então desempenhados pelos atores principais que eram os pilares do regime. Seu ponto central residiu na contenção do poder intervencionista e influência ideológica dos serviços de inteligência no interior do aparelho repressivo, principalmente sobre o ambiente das corporações militares, de modo que fosse possível resgatar a ideia de profissionalização das Forças Armadas.

Assim como o desengajamento controlado das Forças Armadas, a redução da censura sobre os meios de comunicação e manifestações culturais, o abrandamento da Lei de Segurança Nacional aplicada pela Justiça Militar e a volta do habeas corpus, como também o fim do AI-5 e a concessão de anistia recíproca, foram questões que provocaram intensos embates no interior do regime. Essas mudanças se enquadram no que chamo de relativa desideologização do aparelho repressivo e tinham a finalidade de mitigar as políticas voltadas para eliminar o inimigo interno, uma área sob a responsabilidade da inteligência militar. Dessa perspectiva, a liberalização/abertura deve ser analisada como o processo de desconstrução da estratégia que fomentou a extrema militarização e instrumentalização política dos aparelhos do Estado, sob o comando da inteligência. Desde então, tornaram-se inconciliáveis as divergências entre os governos de transição e inteligência militar, com repercussões na coesão das Forças Armadas e na estabilidade do regime.

REFERÊNCIAS

ALENCAR, Carlos Ramos de. *O Sistema Nacional de Informações e o Sfici*: Divisão de Assuntos de Informação e Contrainformação. Rio de Janeiro: ESG, 1963.

ALMEIDA, Reinaldo Melo de. *Justiça Militar, organização e funcionamento*. Conferência pronunciada em 25 de setembro de 1980, na ESG.

ALVES, Maria Helena Moreira. *Estado e oposição no Brasil (1964-1984)*. Petrópolis: Vozes, 1989.

ANDRADE, Fabiana de Oliveira. *A Escola Nacional de Informações*: a formação dos agentes para a inteligência brasileira durante o regime militar. 2014. Dissertação (Mestrado em História) – Universidade Estadual Paulista, Franca, 2014.

ANTUNES, Priscila Carlos Brandão. *SNI & Abin*: uma leitura dos serviços secretos brasileiros ao longo do século XX. São Paulo: FGV, 2001.

AQUINO, Maria Aparecida de. *Caminhos cruzados*: imprensa e Estado autoritário no Brasil (1964-1980). Tese (Doutorado) – Universidade de São Paulo. Faculdade de Filosofia, Letras, e Ciências Humanas. Departamento de História. São Paulo, 1994.

AQUINO, Maria Aparecida de. *Censura*: imprensa e Estado Autoritário (1968-1978). O exercício cotidiano da dominação e da resistência: O Estado de S. Paulo e Movimento. Bauru: Edusc, 1999.

AQUINO, Maria Aparecida de; MATTOS, Marco Aurélio Vannucchi Leme de; SWENSSON JR., Walter Cruz (org.). *No coração das trevas*: o DEOPS/SP visto por dentro. Coorganização de Lucimar Almeida de Araújo e Orion Barreto da Rocha Klautau Neto. São Paulo: Arquivo do Estado, Imprensa Oficial, 2001.

AQUINO, Maria Aparecida de. *Brasil*: golpe de Estado de 1964. Que Estado, país, sociedade são esses? *Projeto. História*: Revista do Programa de Estudos Pós-Graduados de História, São Paulo, v. 29, n. 1, t. 1, p. 87-105, dez. 2004. Disponível em: https://revistas.pucsp.br/index.php/revph/article/view/9947.

ARENDT, Hannah. *As origens do totalitarismo, o paroxismo do poder*. Rio de Janeiro: Documentário, 1979.

ARENDT, Hannah. *A condição humana*. Rio de Janeiro: Editora Forense Universitária, 2004.

BORGES, Nilson de. A doutrina de Segurança Nacional e os governos militares. *In*: FERREIRA, Jorge; DELGADO, Lucilia de Almeida Neves (org.). *O tempo da ditadura*: regime militar e movimentos sociais em fins do século XX. Rio de Janeiro: Civilização Brasileira, 2003. p. 15-42. v. 4.

BRITO, Pedro Neudo. *A nova sistemática da Lei de Segurança Nacional e suas implicações no campo político*. [*S. l.*]: CSG/Departamento de Estudos, 1984. Trabalho especial.

BUZAID, Alfredo. *Da conjuntura política nacional*. Aula proferida em 2 de junho de 1972, na ESG.

BUZAID, Alfredo. *In*: ABREU, Alzira Alves de Abreu *et al*. (coord.). *Dicionário histórico biográfico brasileiro*. Rio de Janeiro: FGV/CPDOC, 2001.

CARVALHO, Aloysio Castelo de. *Liberalização e tutela militar*: o governo Geisel. Rio de Janeiro: Consequência, 2019.

CARVALHO, Aloysio Castelo de. *Serviço Nacional de Informações*: uma abordagem histórica. Curitiba: Appris, 2023.

CARVALHO, José Murilo de. *Forças Armadas e política no Brasil*. Rio de Janeiro: Zahar, 2005.

CARVALHO, Maria Cecília Vieira de. *Não façam prisioneiros!* O combate e o extermínio da Guerrilha do Araguaia. Dissertação – Universidade Federal de Minas Gerais. Faculdade de Filosofia e Ciências Humanas. Programa de Pós-Graduação em História. Belo Horizonte, 2019. Disponível em: https://repositorio.ufmg.br/bitstream/1843/31224/1/Disserta%c3%a7%c3%a3o%20Vers%c3%a3o%20final%20-%20P%c3%93S%20BANCA-mesclado.pdf.

CEPIK, Marcos A. *Espionagem e democracia*. Rio de Janeiro: FGV, 2003. Disponível em: https://professor.ufrgs.br/marcocepik/files/cepik_-_2003_-_fgv_-_espionagem_e_democracia_21-apr-14_1.compressed.pdf.

COELHO, Edmundo Campos. *Em busca de identidade*: o Exército e a política na sociedade brasileira. Rio de Janeiro: Forense Universitária, 1976.

COSTA, José Moraes Rego. *A imprensa, as informações e a Segurança Nacional*. Rio de Janeiro: ESG, 1966.

COSTA, Mauricio Mesurini da; DIRSCHNABEL, Leandro. A doutrina da segurança nacional: justificação da ditadura militar e perseguição do "inimigo". *Revista de Direito Univille*, Joinville, v. 2, n. 1, p. 9-25, dez. 2012.

DEUTSCH, Karl W. *Os nervos do governo*: análise de modelos de comunicação e do controle político. Rio de Janeiro: Bloch, 1971.

FERNANDES, Florestan. *A revolução burguesa no Brasil*. Rio de Janeiro: Zahar, 1976.

FERNANDES, Octávio José Sampaio. *O Superior Tribunal Militar e a legislação de Segurança Nacional*. Conferência proferida em 6 de junho de 1984, na ESG.

FERREIRA, Edmirson Maranhão. *Sistema de Comunicação Social e Segurança (LS5-74-ESG)*. *In*: FONSECA, Geraldo. *Formação da opinião pública*: liberdade da expressão de pensamento e censura. Rio de Janeiro: ESG, 1976. Trabalho especial.

FICO, Carlos. *Além do Golpe*: a tomada do poder em 31 de março de 1964 e a ditadura militar. Rio de Janeiro: Record, 2004.

FICO, Carlos. Espionagem, polícia política, censura e propaganda. *In*: FERREIRA, Jorge; DELGADO, Lucília de Almeida Neves (org.). *O tempo da ditadura*: regime militar e movimentos sociais em fins do século XX. Rio de Janeiro: Civilização Brasileira, 2003, p.167-206.

FIGUEIREDO, Lucas. *Ministério do silêncio*: a história do serviço secreto brasileiro de Washington Luís a Lula (1927 – 2005). São Paulo: Record, 2005.

FONSECA, Geraldo. *Formação da opinião pública*: liberdade de expressão do pensamento e censura. Rio de Janeiro: ESG, 1976. Trabalho especial.

GARCIA, Miliandre. Quando a moral e a política se encontram: a centralização da censura de diversões públicas e a prática da censura política na transição dos anos 1960 para os 1970. *Dimensões*, [s. l.], v. 32, p. 79-110, 2014. Disponível em: http://www.periodicos.ufes.br/dimensoes/article/viewFile/8319/5902.

IGLÉSIAS, Francisco. *Constituintes e Constituições brasileiras*. São Paulo: Brasiliense, 1985.

JOFFILY, Mariana. *No centro da engrenagem*: os interrogatórios na Operação Bandeirantes e no DOI de São Paulo (1969-1975). 2008. Tese (Doutorado em História) – Universidade de São Paulo, São Paulo, 2008.

KUSHNIR, Beatriz. *Cães de guarda*: jornalistas e censores, do AI-5 à Constituição de 1988. 2001. Tese (Doutorado) – Instituto de Filosofia e Ciências Humanas, Universidade Estadual de Campinas, Campinas, 2001.

LAGOA, Ana. *SNI*: como nasceu, como funciona. São Paulo: Brasiliense, 1983.

LEMOS, Renato (org.). O general juiz Peri Constant Bevilaqua. *In*: LEMOS, R. (org.). *Justiça fardada*: o general Peri Bevilacqua no Superior Tribunal Militar (1965-1969). Rio de Janeiro: Bom Texto, 2004a. Disponível em: https://lemp. historia.ufrj.br/wp-content/uploads/2019/07/Justica_fardada_Introducao.pdf.

LEMOS, Renato. Poder Judiciário e poder militar (1964-69*). In*: CASTRO, Celso; IZECKSOHN, Vitor; KRAAY, Hendrik (org.). *Nova história militar*. Rio de Janeiro: Editora FGV, 2004b. p. 409-438.

LIMA, Venício A. *Mídia*: teoria e política. São Paulo: Perseu Abramo, 2001.

MARINHO, Rogério. *Estudar o papel da imprensa falada e escrita na formação da opinião pública*: e suas implicações com a Segurança Nacional. Rio de Janeiro: ESG, 1965.

MARTINS, Luciano. A liberalização do regime autoritário no Brasil. *In*: O'DON-NELL, Guillermo; SCHMITTER, Philippe C.; WHITEHEAD, Laurence (ed.). *Transições do regime autoritário*: América Latina. São Paulo: Vértice, 1986.

MONTEIRO, Sady Magalhães; CAVALCANTE, Roberto Julião. *A censura em face da Segurança Nacional*. Rio de Janeiro: ESG, 1963.

MOTTA, Aricildes de Moraes (coord.). *1964 – 31 de março*: o movimento revolucionário e a sua história. Rio de Janeiro: Biblioteca do Exército Editora, 2003.

MOURA, Heitor Pinto de *et al. As informações e a segurança nacional*. Conferência proferida em abril de 1970, na ESG. Curso de Informações.

OLIVEIRA, Eliézer Rizzo de. *As Forças Armadas*: política e ideologia no Brasil (1964-1969). Rio e de Janeiro: Paz e Terra, 1982.

OLIVEIRA, Iris Lustosa de; BARCELOS, Roberto de Castro; VERRASTRO, Pedro. *Política e estratégia (1976-1985)*: campo militar. Estruturas de segurança pública. Rio de Janeiro: ESG/Departamento de Estudos, 1975.

PEREIRA, Antony W. *Ditadura e repressão*: o autoritarismo e o estado de direito no Brasil, no Chile e na Argentina. São Paulo: Paz e Terra, 2010.

PESSOA, Mário. *O direito da segurança nacional*. Rio de Janeiro: Biblioteca do Exército; Revista dos Tribunais, 1971.

POULANTZAS, Nicos. *Fascismo e ditadura*. São Paulo: Martins Fontes, 1978.

QUADRAT, Samantha Viz. A preparação dos agentes de informação e a ditadura civil-militar no Brasil (1964-1985). *Varia História*, Belo Horizonte, v. 28, n. 47, p. 19-41, jan./jun. 2012.

ROLLEMBERG, Denise. Esquerdas revolucionárias e luta armada. *In*: FERREIRA, Jorge; DELGADO, Lucília de Almeida Neves (org.). *O Brasil republicano*: o tempo da ditadura. Regime militar e movimentos sociais em fins do século XX. Rio de Janeiro: Civilização Brasileira, 2003. p. 43-91.

ROMANO, Roberto. Estado policial. *Jornal da Unicamp*, Campinas, 1 ago. 2018. Disponível em: https://www.unicamp.br/unicamp/ju/artigos/roberto-romano/estado-policial.

ROUQUIÉ, Alain. *Estado militar na América Latina*. São Paulo: Alfa Omega, 1984.

SAMPAIO, Mario Orlando Ribeiro; FERREIRA, Luiz. *As estruturas das informações de segurança no Brasil*: aspectos conjunturais. Conferência proferida em 11 maio de 1970, na ESG. Curso de Informações. Equipe da Daici.

SHULSKY, Abram. *Silent warfare*: understanding the world of intelligence. New York: Brassey's, 1991.

SILVA, Angela Moreira Domingues da. *Ditadura e Justiça Militar no Brasil*: a atuação do Superior Tribunal Militar (1964-1980). 2011. Tese (Doutorado em História) – CPDOC, Fundação Getulio Vargas, Rio de Janeiro, 2011. Disponível em: http://bibliotecadigital.fgv.br/dspace/bitstream/handle/10438/8816/Tese_Angela%20Moreira.pdf?sequence=1&isAllowed=y.

SILVA, Nilo Canepa da. *O Departamento da Polícia Federal*. Conferência realizada em 1973, na ESG.

SKIDMORE, Thomas. *Brasil*: de Castelo a Tancredo (1964 – 1985). Rio de Janeiro: Paz e Terra, 1988.

SMITH, Anne-Marie. *Um acordo forçado*: o consentimento da imprensa à censura no Brasil. Rio de Janeiro: FGV, 2000.

SOARES, Gláucio Ary Dillon. A censura durante no regime autoritário. *Revista Brasileira de Ciências Sociais [da] Associação Nacional de Pós-Graduação e Pesquisa em Ciências Sociais*, Brasília, v. 4, n. 10, jun. 1989. Disponível em: https://www.researchgate.net/publication/266022803_A_Censura_durante_o_regime_autoritario.

STEPAN, Alfred. *Brasil*: los militares y la política. Buenos Aires: Amorrortu, 1974.

USTRA, Carlos Alberto Brilhante. *Rompendo o silêncio*. Brasília: Editerra, 1987.